Inge Sukopp

Kinder machen Bücher

Praxisbeispiele für Kindergarten, Vorschule und das 1. Schuljahr

R. Oldenbourg Verlag München

PRÖGEL PRAXIS 203

Die Deutsche Bibliothek – CIP-Einheitsaufnahme

Sukopp, Inge:
Kinder machen Bücher : Praxisbeispiele für Kindergarten,
Vorschule und das 1. Schuljahr / Inge Sukopp. – 1. Aufl. –
München ; Wien : Oldenbourg, 1996
   (Prögel-Praxis ; 203)
   ISBN 3-486-98718-6
NE: GT

© 1996 R. Oldenbourg Verlag GmbH, München

1. Auflage 1996   99   98   97   96

Die in diesem Buch verwendete Schreibung und Zeichensetzung
entspricht der neuen Regelung nach der Rechtschreibreform.

Lektorat: Stefanie Fischer
Moderation: Johannes Eucker
Herstellung: Christa Schauer
Satz: Greipel-Offset, Haag i. OB
Druck und Bindung: Schneider Druck GmbH, Rothenburg ob der Tauber
Umschlagzeichnungen: Inge Sukopp
Umschlagkonzeption: Mendell & Oberer, München

ISBN 3-486-**98718**-6

Inhaltsverzeichnis

Vorwort

Erinnern Sie sich an das erste Buch, das Sie in den Händen gehabt haben? War es ein Bilderbuch oder ein Märchenbuch, aus dem ein lieber Mensch vorgelesen hat? Wege zum Buch gibt es viele, aber nur wenige Leser wissen, mit welchem Buch sie die ersten Schritte gemacht haben. Oft bleibt das erste selbst erlesene Buch in Erinnerung.

Die vielen Bücher, die heute auf dem Buchmarkt Kinder „zum Lesen verlocken", sind bunt, anregend und so vielfältig, dass man schon sehr mutig sein muss, Bücher mit Kindern auch noch selbst zu gestalten. Warum sollen sie, bevor sie Lesen und Schreiben gelernt haben, so etwas Schwieriges wie ein Buch herstellen?

Genau diese Idee einer Eigenproduktion wird seit zehn Jahren in Vorklassen und in ersten Klassen erprobt und weiterentwickelt. In Seminaren und Arbeitsgruppen wurden Erfahrungen ausgetauscht und Anregungen weitergegeben. Heute gehört „ein Buch machen" zu den beliebtesten Projekten in der Vorschule und am Schulanfang. Kinder malen und zeichnen, basteln und kleben, denken sich Texte aus, drucken und schreiben mit dem Ziel: „Wir machen ein Buch." Die Pädagoginnen helfen bei der Ausführung, beim Schreiben und Drucken der Texte, beim Binden und bei der Materialauswahl.

Die Themenvielfalt dieser so entstandenen Bücher ist so groß, dass nur eine Auswahl vorgestellt werden kann. Überzeugend sind die Originalität und gestalterische Vielseitigkeit, aber auch die Begeisterung, Kreativität und Ausdauer der Kinder bei der Arbeit an den Buchprojekten.

Die Kinder lieben ihre Bücher. Darum danke ich dafür, dass sie mir ihre Bücher überlassen haben, um sie vorzustellen und bekannt zu machen. Mein Dank gilt auch den Pädagoginnen der Vorklassen und den Lehrerinnen der ersten Klassen der Berliner Grundschule, die das Büchermachen mit Kindern als Bereicherung ihrer pädagogischen Aufgabe ansehen und mir Einblick in ihre Arbeit gewährt haben.

1. Alle Kinder brauchen Bücher

„Kinder brauchen Bücher" fordert Bettelheim in seinem viel beachteten Buch über Lesenlernen.[1] „Zum Lesen verlocken" steht als lesepädagogische Aufforderung in praktischen Anregungen zum Leseunterricht in der Grundschule. Lesen und Schreiben als Kulturtechniken gehören zum Schulunterricht und die Hinführung zum selbstständigen Umgang mit Büchern ist erklärtes Lernziel. Die Anregung Bücher mit Kindern zu gestalten und damit einen produktiven Umgang mit Texten anzuregen sowie ein durch Eigenaktivität motiviertes Interesse an Büchern zu wecken wird in vielen Grundschulklassen bereits aufgenommen.

Können Kinder aber Bücher gestalten, bevor sie Lesen und Schreiben gelernt haben? Sind Kinder als Nichtleser in der Lage Texte zu verfassen, zu illustrieren und Techniken der Buchillustration zu praktizieren?

Eine Antwort auf diese Fragen sollen Berichte über Buchgestaltungen mit Kindern in Vorklassen der Berliner Grundschule geben. Die Beispiele können Pädagoginnen in Vorklassen, in Vorschulgruppen der Kindertagesstätten und Lehrerinnen am Schulanfang anregen Kindern dieser Altersstufe Bücher nicht nur vorzulesen, die Bilder zu betrachten und über die Inhalte zu sprechen, sondern „Wir machen ein Buch" zu wagen. Der rezeptive texterschließende Umgang mit Büchern erhält dadurch eine wichtige Ergänzung und das Buch wird „mit allen Sinnen" erfasst.

Die Entstehungsgeschichte der hier vorgestellten Buchprojekte vermittelt einen Einblick in die Fülle der Anregungen und Ausgangssituationen, die genutzt werden können, um mit Vorschulkindern erste Bücher zu gestalten.

So wie Kinder nachahmend „Essen kochen" oder „Bus fahren" spielen, basteln sie sich manchmal ohne Zutun Erwachsener Büchlein, allein aus dem Bedürfnis ein Buch zu machen. Aus Zetteln und beliebigen Papieren fügen sie kleine Hefte zusammen, die sie bemalen oder auch mit Kritzelschrift versehen. Bereits mit vier Jahren hat sich Lea ihr eigenes „Telefonbuch" gebastelt und als Linkshänderin die Ziffernfolge von rechts nach links eingetragen. Diese spontanen Versuche zeigen, dass Kinder bereits vor Schulbeginn eine Vorstellung davon haben, wie sich Bücher von „Nichtbüchern" unterscheiden. Sogar den Herstellungsvorgang ihrer Minibücher können sie beschreiben:

---

[1] Bettelheim, B., Kinder brauchen Bücher, Lesen lernen durch Faszination. 2. Auflage. 1982

„Und dann nehm ich mir viele Zettel aus Mamas Zettelkasten und dann nehme ich den Locher und mach die Löcher in die Zettel und dann mach ich da so einen Faden durch und binde die Zettel zusammen. Dann mal ich noch Bilder auf die Zettel, das ist mein Buch."
(Sven, 5, 10 Jahre)

„Ein Buch machen ist doch puppig. Da musst du Zettel nehmen und was draufmalen.
Ich schreib dann in Kinderschrift noch was drauf und dann klammert Britta die Zettel zusammen mit der Klammermaschine. Mein Buch heißt „Zoobuch für Mama"."
(Pia, 5,8 Jahre)

Abb. 1, 2: Pias Buch für Mama

Pia (5, 8) malt ein Buch für Mama: Auf losen Merkzetteln zeichnet sie Episoden ihres Zoobesuchs. Den Filzstiftzeichnungen fügt sie kurze Bildunterschriften hinzu, die von der Pädagogin aufgeschrieben werden: „Da kommt der Elefant mit seinem Wuschelschwanz", oder „Ui, bei den Löwen fing es an zu regnen." Das Büchlein ist 10 cm · 10 cm groß.

Die spontanen Versuche einzelner Kinder regen andere Kinder der Gruppe zum Nachmachen an. Im Kreisgespräch präsentieren sie ihre Werke, vergleichen und bewundern ihre Bücher und bemerken bald Unterschiede zu gekauften Büchern. Nun liegt die Frage nahe, woher die vielen Bücher kommen? Es ist Kindern durchaus nicht bewusst, wer ihr Lieblingsbuch geschrieben hat, wie die schönen bunten Bilder in das Buch hineingekommen sind und warum Bücher so viel Geld kosten.

In den sprachlichen Beiträgen der Kinder kommen die unterschiedlichen Vorerfahrungen im Umgang mit Büchern recht deutlich zum Ausdruck. Nicht wenige Vorschulkinder gehen bereits selbstverständlich mit Büchern um. Schon als Baby nehmen sie ihre Plastikbilderbücher mit in die Badewanne. Sie lernen sprechen und die Namen für verschiedene Dinge beim Angucken von Bilderbüchern z. B. von Carle, Janosch oder Mitgutsch.

Beim Vorlesen von Märchen und Geschichten hören sie lange und aufmerksam zu; sie merken sich den Inhalt ihrer Lieblingsbücher und können ganze Abschnitte wörtlich mit- und nachsprechen. Buchbesitz, die Bücherecke im Kinderzimmer, tägliche Vorlesezeiten kennzeichnen die Bucherfahrungen dieser Kinder. Kinder, die mit Büchern aufgewachsen sind, nehmen das Buchangebot in der Vorklasse und am Schulanfang interessiert an. Sie sind „Vor-Lesekinder" in der doppelten Bedeutung des Wortes.

Anderen Kindern erschließt sich die Welt der Bücher nicht so leicht.[2] Vielleicht ist eine Zeitung einziger Umgang mit Gedrucktem und Geschriebenem und Buchbesitz in ihren Familien keine Selbstverständlichkeit. Niemand in ihrer Umgebung nimmt sich Zeit zum Angucken von Bilderbüchern und zum Vorlesen. Das Fernsehen ersetzt frühe Bucherfahrungen, und viele Kinder wissen nicht, dass Lesen bereichert, zum Fragen anregt, spannend und lustig sein kann. Darum ist es verständlich, wenn diese Kinder an Büchern nur ein geringes Interesse entwickeln und Lesenlernen für sie kaum ein erstrebenswertes Ziel ist. In der Vorklasse, der Vorschulgruppe von Kindertagesstätten oder in den ersten Schuljahren können sie die Chance erhalten beim regelmäßigen Vorlesen und beim Herstellen von Büchern selbst Erfahrungen mit Büchern zu machen und ihre persönlichen Leseinteressen zu entwickeln.

---

[2] Hurrelmann, B., u. a., Leseklima in der Familie, Lesesozialisation Bd. I. Gütersloh 1993

2. Erste Buchversuche am Anfang der Vorschulklasse

2.1 Ein Klappbilderbuch:
Marco und Jana entdecken die Bücherecke

Marco und Jana werden in der Vorklasse von Frau K. eingeschult. Frau K. begrüßt ihre sechzehn fünf- bis sechsjährigen Kinder in ihrem gut vorbereiteten Gruppenraum. Vielfältige Spielmöglichkeiten – vom Kletterturm bis zum Puppenhaus – laden zum spontanen Spielen ein. Ein Puppentheater, Sachen zum Verkleiden, aber auch Lernspiele und gut sortiertes Beschäftigungsmaterial sind vorhanden, sowie eine gemütlich ausgestattete Kuschelecke mit vielen Bilderbüchern, einem Atlas und einem Globus. Diese Ausstattung hat Frau K. im Laufe der Jahre mit Bedacht gewählt, besorgt, z. T. selbst hergerichtet.

Schon in den ersten Tagen gehen fast alle Kinder unaufgefordert in die Schmökerecke, blättern in den Büchern oder sind für längere Zeit mit dem Betrachten eines Buches beschäftigt. Vereinzelt kommen Kinder mit einem Buch zu Frau K. und bemerken: „Das Buch kenn ich, das hab ich auch", und lassen sich bereitwillig auf ein Gespräch über den Inhalt des Buches ein.

Nur vier Kinder der Gruppe verhalten sich anders. Von sich aus zeigen sie keinerlei Interesse Bücher anzuschauen oder mit anderen Kindern die Bücherecke zu benutzen. Bei der täglichen Vorlese-Viertelstunde hören sie zwar zu, aber ohne erkennbare Reaktion auf den Inhalt. Dauert das Vorlesen auf Wunsch anderer Kinder mal etwas länger, können jene ihr Desinteresse kaum unterdrücken und ziehen sich mit einer anderen Beschäftigung zurück.

Eines Tages erhalten die Kinder die Aufgabe, die Erlebnisse eines Vorschultages in Bildern darzustellen. Gemalt werden „Das gemeinsame Frühstück", „Freizeit auf dem Spielplatz", „Aufräumen", „Puppentheater" und auch „In der Bücherecke".

Abb. 3, 4: Ein Tag in unserer Vorklasse
Zwei Bilder aus einem Bilderzyklus zu Ereignissen in der Vorklasse: Lukas (6,2) zeichnet seinen Freund Thomas, der mit seinem Fahrrad zur Schule fährt, und Oliver malt lachende und tanzende und singende Kinder. Sonne, Wolken und Regen ergänzen die farbenfrohen Zeichnungen auf leicht getöntem Papier. Bildformat DIN A4, Buchformat 28 cm · 38 cm.

Aber auch andere Motive kommen ins Bild. In leuchtenden Farben zeichnet Lukas ein Bild, wie Thomas im Regen auf dem Fahrrad zur Schule fährt. Dazu braucht Thomas auch einen Regenschirm. Daneben sitzen er und sein Freund Ferdi bei Sonnenschein in der Klasse unter einem Regenbogen. Den Text diktieren Lukas und Ferdi gemeinsam der Erzieherin, sie schreibt:

> „Es ist schlechtes Wetter. Es regnet, Thomas fährt mit seinem Fahrrad zur Schule und er braucht den Regenschirm."

In kräftigen Blau- und Orangetönen sind vier Kinder der Gruppe beim Tanzen dargestellt, zwei davon im Halbprofil. Alle haben lachende Gesichter. Oliver diktiert den Text:

> „Der Thomas tanzt mit den Kindern. Dann singt der Thomas mit den Kindern das Schlusslied."

Eine ganze Woche ist die Gruppe mit dem Entwerfen und Fertigstellen der Bilder beschäftigt und die abschließende Besprechung der farbenfrohen Ergebnisse lässt die Freude und die Begeisterung der Kinder an ihren Werken erkennen. Um ihren Arbeitseifer zu belohnen stellt Frau K. die Bilder zu zwei Leporellos zusammen, ergänzt durch ein Deckblatt, mit einem Gruppenfoto der Kinder und dem Titel „Ein Tag in unserer Vorklasse".

Am folgenden Montag liegt in der Mitte des Stuhlkreises verdeckt unter einem Tuch „ein Geheimnis". Mit großem Hallo entdecken die Kinder, dass aus ihren Bildern zwei Bücher geworden sind. Die Kenner unter ihnen erklären dann den anderen, wie solche Bücher gemacht werden: „Das ist ein Klappbilderbuch. Das muss man zusammenkleben; dann kannst du es auseinander ziehen. Ich habe auch so eins."

Nachdem alles ausführlich beguckt, besprochen und ausprobiert worden ist und jedes Kind sein Bild wiedergefunden hat, steht der Entschluss fest: Unser Klappbilderbuch kommt in die Bücherecke, dann können wir es immer wieder angucken.

Schon in der nächsten Freispielphase setzen sich Marco und Jana zum ersten Mal in die Bücherecke, das Klappbilderbuch hat sie angelockt. Intensiv betrachten sie Bild für Bild und strahlen vor Begeisterung, wenn sie ihr Bild entdecken.

Klappbilderbücher bleiben für lange Zeit ihre Lieblingsbücher und die Bücherecke wird auch für diese Kinder zum beliebten Aufenthaltsort.

2.2 Ich und meine Freunde:
Vom Selbstporträt zum Leporello

Etwas über sich selbst zu erfahren ist für viele Kinder ein spannender Vorgang. Das Zusammensein und die Begegnung mit anderen Kindern in der Gruppe regen an, sich mit den anderen zu vergleichen, Gemeinsamkeiten und Unterschiede festzustellen und sich selbst wahrzunehmen. Es sind erstaunliche Erfahrungen, die Kinder dabei gewinnen, wenn sie darüber nachdenken, warum sie die einen mögen, die anderen aber nicht, oder warum sie als Spielpartner anerkannt oder abgewiesen werden. Sie bemerken freundliche und freche, schüchterne und mutige Kinder. Um sie ansprechen zu können müssen die Namen der anderen Kinder bekannt sein. Verschiedene Kennenlernspiele machen mit den Namen der Kinder in der Gruppe vertraut.

Ein Spiel war besonders beliebt. Dabei versteckten sich mehrere Kinder hinter einem Vorhang (einem Tuch über einer Leine) und steckten langsam zunächst nur ihre Köpfe oder ihre Hände hervor. Die anderen durften dann raten und sagen, woran sie die einzelnen Kinder erkannt hatten.

Ein Selbstbildnis sollte gemalt werden und die Kinder zur Selbstdarstellung herausfordern. Es war zugleich ein erster Schritt zur Gestaltung eines Buches. Nachdem die Kinder sich intensiv im Spiegel angeschaut hatten, entdeckten sie neben der Anatomie ihrer Gesichter und Körper auch ihre persönlichen Merkmale. Frisur, Augen- und Haarfarbe, Form und Ausdruck des Gesichts, Zahnlücken und Sommersprossen versuchten sie zu beschreiben. Ihr Wortschatz reichte nicht immer aus. Dann halfen sich die Kinder beim Benennen der visuellen und taktilen Eindrücke. Wird das Erkunden des Aussehens sprachlich unterstützt, gelingt es den Kindern erstaunlich gut, sich selbst treffend wiederzugeben, z. B.

> „Ich bin nicht so groß wie Danny, aber ich
> kann genauso schnell laufen."
> „Meine Haare sind lang, weil – meine Mama
> will das so."
> „Ich hab einen Zahn verloren vorige Woche.
> Da hab ich eine Lücke und die Kinder lachen
> mich aus."
> „Ich hab immer Hosen an, ich mag keine
> Röcke."

In einem zweiten Schritt suchte sich jedes Kind einen Freund oder eine Freundin aus, um mit ihr oder mit ihm gemeinsam auf einem Bild zu erscheinen. Die Paare setzten sich zusammen – ein nicht immer einfacher Einscheidungsprozess – und legten ihre Selbstbildnisse nebeneinander. Aber wie kommen beide auf ein Bild? Viele Vorschläge führten zu dem Ergebnis die Einzelporträts auszuschneiden und auf ein neues Blatt zu kleben. Die Selbstbildnisse hatten die Kinder mit Ölkreide auf dünnen Zeichenkarton gemalt und mit diesem Material beim Ausschneiden kaum Schwierigkeiten. Die Figuren „Freund und Freundin" ließen sich auf dem gemeinsamen Bild so lange hin- und herschieben, bis die gewünschte Anordnung hergestellt war.

Nach Meinung der Kinder sollten alle Bilder eine Unterschrift erhalten, in der Art „Dirk und Sven sind Freunde". Weil sie bis dahin nur ihren Namen schreiben konnten, mussten die übrigen Wörter des Satzes von der Vorklassenleiterin ergänzt werden. Einige Kinder wünschten ihre Namen zu stempeln oder sogar aus ausgeschnittenen Buchstaben zusammenzusetzen.

Auch dieses Buch wurde als Leporello gebunden, aber im Beisein der Kinder. Mit ihrer Hilfe entstand die Ziehharmonika-Anordnung der Bilder, und bei jedem hinzugefügten Bild wurde ausprobiert, wie umfangreich das Buch schon geworden war. Das Buch konnte sogar aufgestellt oder als Wandbild ausgestellt werden.

In Gesprächen gingen die Kinder sehr interessiert auf die unterschiedlichen Darstellungen der Selbstbildnisse ein. Das Urteil „schön" wurde dabei kaum gebraucht, wichtiger war den Kindern das Wiedererkennen und die Fülle der Einzelheiten. Äußerungen wie: „Jessica und Anna sind

Abb. 5: Patrick und Sebastian sind Freunde.
Paarweise kleben immer zwei Kinder ihre Selbstbildnisse (Ölkreide auf blauem Karton) zu einem Bild zusammen. Ihre Namen sind aus ausgeschnittenen Buchstaben zusammengesetzt und die Pädagogin ergänzt „...sind Freunde".
*Ein Leporello unter dem Titel: ICH * DU * WIR entsteht. Bild- und Buchformat 50 cm · 35 cm.*

15

gute Freundinnen, das kann man auf dem Bild sehen", lenkten die Kommentatoren auch auf die Frage: Woran erkennst du, dass die beiden Freundinnen sind? Was tun Freunde, was nicht? Warum ist Sven dein Freund oder Katrin deine Freundin? Freunde zu finden und Freunde zu haben wurde zum beliebten Vorlesethema der nächsten Zeit.

An diesem Beispiel wird deutlich, dass die Herstellung von Büchern einer ganzheitlichen Zielsetzung folgt. Techniken und Motive der Bildgestaltung, Sprach- und Begriffsbildung, Ich-Erkundung und soziales Handeln bilden intentional eine Einheit. Dabei sind Handeln, Denken und Sprechen der Kinder eng aufeinander bezogen, denn praktisches Handeln und sprachlicher Ausdruck stehen in ständiger Wechselwirkung. Neue Begriffe erwerben Kinder handelnd in konkreten Situationen.
Die Verständigung beim gemeinsamen Vorgehen, bei Partner- und Gruppenarbeit fordert und fördert die Kommunikation der Kinder untereinander. Sie bringen zum Ausdruck, was sie planen oder wie sie ein praktisches Problem lösen wollen. Interaktion und Kommunikation bilden dabei eine Einheit. Bei Konflikten müssen sie sich verständigen.

Viele Ereignisse im Tagesablauf, Tätigkeiten und Umwelterfahrungen können thematisch für eine Buchgestaltung genutzt werden und finden ihre Fortsetzung in anschließenden Themen und Aktivitäten. In allen Phasen der Buchgestaltung werden die Kinder aktiv tätig, entsprechend den für diese Altersstufe typischen Lern- und Aneignungsmustern. „Das mach' ich selber" und „Hilf mir es selber zu tun" sind leitende pädagogische Prinzipien.

Entstehen Probleme, die sich aus den entwicklungsbedingt noch unvollkommen ausgebildeten Fertigkeiten ergeben, müssen einfachere Lösungen und Wege gefunden werden, z. B. müssen Kinder die Figuren nicht ausschneiden, sondern reißen, sie dürfen Buchstaben stempeln statt schreiben und sie sollten überwiegend großformatig zeichnen und malen. Auch Fingermalen ist eine gute Gestaltungsmöglichkeit für diese Altersstufe. Die Farben werden pastos aufgetragen, der Wasserzusatz braucht nicht reguliert zu werden, sie lassen sich gut mischen und ergeben reizvolle Muster und Strukturen.

Unser Ausflug an die Havel
In einer Materialcollage stellen die Kinder verschiedene Situationen dar: Die Fahrt mit dem Bus und lachenden Kindern an den Fenstern (Abb. 6). Das Spiel auf dem Sandberg, der aus Sandpapier gestaltet ist (Abb. 7). Die spielenden Kinder sind aus Umrisszeichnungen ausgeschnitten und individuell bemalt worden. Durch Falten der Arme und Beine können verschiedene Bewegungen dargestellt werden.

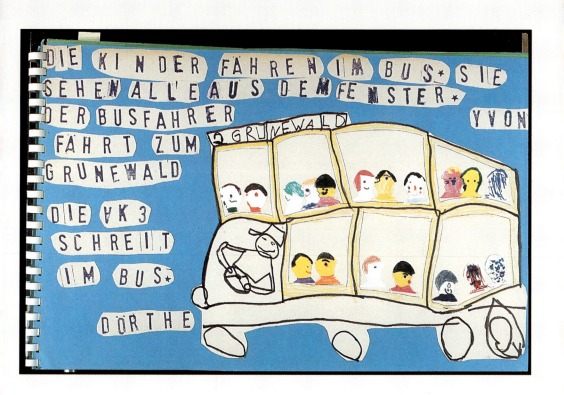

DIE KINDER FÄHREN IM BUS. SIE SEHEN ALLE AUS DEM FENSTER. DER BUSFAHRER FÄHRT ZUM GRUNEWALD

DIE VK 3 SCHREIT IM BUS.

YVON

DÖRTHE

YVONNE UND CHRISTIAN GEHEN AUF DEN BERG

ES FÄNGT AN ZU REGNEN

H

HUMMER

3. Vom Bild zum Text zum Buch

Im Umgang mit eigenen Büchern haben Vorschulkinder schon Bucherfahrungen gesammelt. Sie wissen, dass die Bilder ihre reale Umgebung abbilden: Tiere und Pflanzen, Flugzeuge, Schiffe und Autos, das Leben in der Stadt, auf dem Bauernhof, in fernen Ländern und vieles mehr. Neuartiges und Unbekanntes ist ihnen in ihren Büchern begegnet und hat ihre Neugierde geweckt. Aber auch ausgedachte, nur in der Fantasie mögliche Gestalten und Handlungen sind ihnen in ihren Bilderbüchern begegnet. Die Bilderwelt in ihren Büchern ist, im Gegensatz zum Fernsehen, nicht flüchtig, sondern zu jeder Zeit präsent. Sie können die Bilder und die Bildgeschichten so lange und so oft angucken, wie sie Lust dazu haben.

Bei der Buchgestaltung in der Gruppe bevorzugen viele Kinder – nach meiner Beobachtung – zunächst realistische Themen. Eigene konkrete Erlebnisse in Bildfolgen umzusetzen und sprachlich zu kommentieren fällt ihnen umso leichter, je überraschender, spannender, eindrucksvoller oder neuartiger das Erlebnis ist. Fiktionale Geschichten, Fantasiebilder und Märchenhaftes bedürfen – zumindest in der Gruppe – besonderer Vorbereitung und Motivation.

3.1 Unser Ausflug an die Havel: Texte zu Bildern

Für die Kinder einer Wilmersdorfer Vorklasse war bereits die gemeinsame Fahrt zur Havel, dem beliebten Ausflugsziel Berliner Kinder, ein Erlebnis. Mit U-Bahn und Bus fuhren sie zu einem am Flussufer gelegenen Spielplatz. Das gemeinsame Spielen auf dem riesigen Sandberg, die Begegnung mit einem Mistkäfer und einem Frosch und ein kurzer Regenschauer bildeten die Gesprächsthemen der nächsten Tage. Um sich alles noch einmal vorstellen zu können gestalteten die Kinder unter Anleitung

---

Unser Ausflug an die Havel
Es fängt an zu regnen (Abb. 8), eine Materialcollage aus verschiedenfarbigen Papieren, gefärbter Watte und Glasgranulat. Die Texte stempelten die Kinder wortweise nach einer Vorlage. (Spiralheftung, Format 30 cm · 50 cm)

H wie Hummer aus „Der kleine Käfer Nimmersatt" (Abb. 9)
Darstellung des Anlautes H. Der Hummer ist als Bild und als Schriftbild repräsentiert – mit großen Holzbuchstaben gedruckt.

ein großes Wandbild als Collage aus verschiedenen Materialien. Dabei lernten sie die Benutzung und die Wirkung von Sand, Watte, Folien und Granulat kennen. Diese neuen bildnerischen Techniken gefielen den Kindern so gut, dass sie weitere Bilder dieser Art machen wollten.

Inzwischen lagen Fotos vom Ausflug vor. Sie regten dazu an, daraus ein Buch zu machen und es mit eigenen Bildern zu ergänzen. Die Bildgestaltung wurde eingehend besprochen, denn es musste ein einheitliches Format gewählt werden, damit die Blätter auch zusammenpassen. Jedes Kind wählte ein Ereignis, an das es sich besonders gut erinnerte. Zunächst gestalteten die Kinder den Hintergrund und entschieden, ob ein Sandberg, das Wasser, der Spielplatz oder die Straße dargestellt werden sollten. Im Faltschnitt wurden ausgeschnittene Figuren als spielende Kinder ausgemalt und auf dem Hintergrund angeordnet. Durch Falten der kleinen Figuren konnten die Kinder verschiedene Bewegungen darstellen: rennen, rutschen, winken, sitzen. Sie holten sich immer wieder Anregungen aus dem großen Wandbild und übernahmen Details und einzelne Gestaltungstechniken wie Materialcollagen aus Sand, Watte und Glasgranulat.

Die Bilder wurden nach ihrer Fertigstellung im Gesprächskreis vorgestellt, und jedes Kind sagte, was ihm zu seinem Bild einfiel. Andere Kinder ergänzten und berichtigten die Erinnerungen. Überwiegend bestanden die sprachlichen Beiträge aus Aussagen, wie sie die Kinder bereits bildlich dargestellt hatten. Folgende Texte wurden zu den einzelnen Bildseiten gefunden:

Die Kinder fahren im Bus.

Sie sehen alle aus dem Fenster.

Der Busfahrer fährt zum Grunewald.

Die Kinder schreien im Bus.

Der Mistkäfer hat Angst.

Er krabbelt zwischen den Wurzeln.

Der Mistkäfer flüchtet vor den Kindern.

Der Frosch sitzt auf dem Blatt und quakt.

Yvonne und Christian gehen auf den Berg.

Gordon ist der mit den schwarzen Beinen.

Dörte winkt auf dem Berg.

Es fängt an zu regnen und Yvonne hat einen Regenschirm.

Die Kinder spielen im Regen.

Wir gehen zum Bus, wir fahren nach Haus.

Die bevorzugt in Hauptsätzen formulierten Bildunterschriften mit gleich-förmigen Satzmustern drücken die Absicht der Kinder aus die bildhaften Aussagen zu bündeln und nur das Auffälligste sprachlich zu kennzeich-nen, denn das Bild erzählt bereits die „Geschichte". Zusätzliche Inter-pretationen wie „Gordon ist der mit den schwarzen Beinen" sind selten. Differenzierte syntaktische Muster gehören noch nicht zum Erzählstil dieser Altersstufe. Anthropomorphe Erklärungen sind vielfach zu beob-achten wie „Der Mistkäfer hat Angst."

Während der Gespräche schrieb die Vorklassenleiterin die Aussagen der Kinder zu den einzelnen Bildern in Großbuchstaben auf einen Zettel, um diese neben die Bilder zu kleben. Damit waren die Kinder jedoch nicht einverstanden und forderten: „In richtigen Büchern muss das gedruckt sein!" Da keine Druckerei vorhanden war, einigte man sich den Text mit dem Stempelkasten zu drucken. Jedes Kind suchte sich einen Text aus und versuchte, ihn zu drucken, eine schwierige und anspruchsvolle Aufgabe. Einzelne Kinder waren begeistert und mit Ausdauer dabei, sie druckten ganze Seiten. Andere verließ bald die Geduld beim Heraussuchen der Buchstaben und beim Zusammensetzen der Wörter.

Es zeigten sich große individuelle Unterschiede bei der Handhabung der Buchstaben und in der Buchstabenkenntnis; Leistungen, die generell von Kindern im Vorschuljahr noch nicht gefordert werden. Sind aber Buchstabenstempel, Druckkästen oder sogar eine Schreibmaschine zum Ausprobieren vorhanden, beginnen Kinder spontan mit Verschriftungen in spielerischer Form. Sie drucken ihren Namen um damit Zeichnungen und andere Werke zu kennzeichnen.

Wenn Vorschulkinder ihre Texte diktieren, kann – wie in diesem Falle – eine weitere Beobachtung gemacht werden. Sie passen ihr Sprechtempo dem Schreibtempo des Schreibers an und fragen sogar: „Kommst du mit? Hast du alles aufgeschrieben, was ich gesagt habe?" Sie formulieren syntaktisch korrektere und längere Sätze als beim spontanen Sprechen. Beim Vorlesen ihrer Texte reagieren sie kritisch auf Änderungen und bestehen auf einer wörtlichen Wiedergabe. Wird diese Arbeit am Text bereits in der Vorklasse angebahnt und in der ersten Klasse fortgeführt, kommen die Kinder zur selbstständigen Überarbeitung ihrer Texte.[3]

3.2 Wir besuchen die Stadtbücherei: Kinder machen ein Buch über Bücher

Ein Kind liest vor, obwohl es noch nicht lesen kann. Es hält ein Buch und blättert die Seiten um. Seine Augen wandern zwar nicht regelmäßig über die Zeilen, aber der gesprochene Text gibt den Inhalt fast wortgetreu wieder. Es tut so als ob, gibt aber zu nicht richtig lesen zu können. Dieses Vorleseverhalten ist in Vorklassen oft zu beobachten. Die Kinder haben ihre Lieblingsbücher und sind für Buchangebote und Vorlesestunden leicht zu begeistern.

Interessant ist die Frage, welche Vorstellungen Kinder dieser Altersgruppe vom Lesen haben.

---

[3] Dräger M. (Hrsg.), Am Anfang steht der eigene Text. Heinsberg 1988

„Lesen – weiß ich nicht, das machen große Leute, damit sie Auto fahren können."

„Lesen lernt man in der Schule."

„Ich weiß nicht, wie das geht."

„Da musst du in das Buch gucken und sagen, was du darin siehst."

„Beim Lesen muss man in ein Buch gucken, da sind so Zahlen und das sagt man dann."

„Lesen ist wie Erzählen, aber mit einem Buch."

„In diesem Buch sind Buchstaben, ganz viele sind da. Die muss man zusammenziehen, sagt mein Bruder. Das ist Lesen."

Was beim richtigen Lesen vor sich geht, beschreiben und deuten Kinder ausgehend von Beobachtungen, die sie bei lesenden Erwachsenen und Geschwistern machen. Die Erklärungsversuche von Vorschulkindern und Schulanfängern verweisen deutlich auf die unterschiedlichen Vor-Lese-Erfahrungen der Kinder.

„Mutti liest sich was vor. Sie holt sich ein Buch und sitzt auf dem Bettrand. Das Buch ist nicht von uns, sondern aus dem Bücherständer aus dem Wohnzimmer. Das Buch liest man von unten nach oben."

„Beim Lesen kann man einschlafen. Mein Bruder schläft auch immer ein."

„Wenn man beim Lesen isst, kann man kleckern, das macht man nicht."

„Zum Lesen setzt man sich gemütlich hin. Man kann sich gemütlich eine Kerze anzünden.
Beim Lesen kann man nicht ferngucken oder singen."

„Zum Lesen braucht man auch Augen. Manche Leute brauchen eine Brille. Tiere können nicht lesen."

Es ist das äußere Verhalten der Leser, das Kinder beschreiben, denn der eigentliche Lesevorgang ist nicht anschaulich. Der Blick in die Zeitung, das versunkene Lesen in einem Buch geben noch keine Auskunft darüber, was der Leser eigentlich macht. Haben Kinder jedoch Gelegenheit den Leselernprozess eines Geschwisterkindes beim häuslichen Üben zu beobachten oder haben sie selber mit dem Lesenlernen begonnen, beschreiben sie den Leseprozess bereits differenziert:

„Ich lese laut vor.
Ich ziehe Wörter zusammen.
Da sind Buchstaben."

„Man muss das ganze Alphabet kennen.
Es sind Seiten, auf denen die Schrift steht.
In großen Büchern ist viel Schrift."

„Zum Lesen muss man Buchstaben kennen, das ganze ABC."

„Man muss wissen, wie sie heißen, die Buchstaben, dann kann man auch lesen."

„Zum Lesen braucht man ein Buch", ist eine der häufigsten Aussagen, obgleich die Kinder auf die Frage, was man alles lesen kann, die verschiedensten Texte aufzählen. Sie wissen, dass Namen- und Straßenschilder, Glückwünsche, Wunschzettel, Notizen, Briefe, Zeitungen, Zeitschriften und Lexika bis hin zu Märchen- und Geschichtsbüchern, Romanen und Kochbüchern gelesen werden, und sie wissen, dass Lesen mit Verstehen von Inhalt zu tun hat.

Diesen Schritt hin zum Buch haben aber nur Kinder mit früher Buch- und Vorleseerfahrung gemacht. Weil diese Erfahrungen jedoch zu den entscheidenden Voraussetzungen gehören, die eine besonders günstige Prognose für den Leselernerfolg erlauben, ist das Hinführen zum Buch eine wichtige schulvorbereitende Aufgabe.

Der Besuch einer Kinder- und Jugendbücherei gehört heute fast zur Selbstverständlichkeit der Vorschulerziehung, jedenfalls in Städten. Den Kindern erschließt sich dabei die Welt der Bücher. In Familien mit Lesekultur sind bereits kleine Kinder Büchereibenutzer.

Der erste Besuch einer Bücherei wurde in einer Vorschulgruppe zum Anlass des Projekts: Stadtbücherei.

Eine Woche lang wurde das Projekt vorbereitet, indem die Kinder im Morgenkreis ihre Lieblingsbücher vorstellten. Manche Kinder zeigten ihre Bücher nur vor, nannten Titel und „Hauptpersonen". Andere ergänzten die Inhaltsangaben und begründeten, warum dieses Buch ihr Lieblingsbuch sei. Larissa (5, 8) erzählt:

> „Mein Lieblingsbuch heißt ‚Mio, mein Mio'. Papa liest mir daraus vor. Das ganze Buch hat Papa vorgelesen, aber nicht an einem Tag, das ist zu lang. Mios Pferd wurde weggenommen von den Spähern, es wurde geraubt. Mio saß neben den Felsen und hat zugeschaut. Das war, als die Pferde Blut geweint haben. Als Dakato tot war, war Miramis wieder frei. Wir lesen gerade „Aladin und die Wunderlampe". Wir sind beim Garten und dem afrikanischen Zauberer."

Zu den Büchern wurden Bilder gemalt und an der Malwand ausgestellt. Einige Kinder wollten mehr wissen. Sie fragten, woher die vielen Bücher kommen, wer sie gemacht hat, wo man sie kauft und was sie kosten. Zwei Kinder der Gruppe kannten und nutzten schon die Jugendbücherei und berichteten darüber. Ein Besuch für alle wurde beschlossen. Die Pädagogin verabredete mit der Bibliothekarin, dass nach der Vorstellung der Bücherei und des Leihverkehrs und nach einer Lesung alle Kinder einen Leseausweis erhalten sollten. Die Pädagogin wollte den Besuch mit der Kamera begleiten, und die Bilder ergaben einen sinnvollen Anlass, in einem ausführlichen Gespräch den Büchereibesuch zu rekapitulieren und sprachlich aufzuarbeiten. In chronologischer Folge wurden die Stationen des Besuches erinnert, besprochen und in Zeichnungen der Kinder festgehalten.

Als die Bildserie fertig gestellt war, diktierten die Kinder ihre Bildunterschriften und fügten Fotos, Texte und Zeichnungen zu einer zeitlichen Folge zusammen. Der gesamte Ablauf des Büchereibesuches konnte Seite für Seite nacherlebt werden und die Kinder ließen sich auch die Texte wiederholt vorlesen.

Die Faszination, über die Bücherei und über Bücher ein Buch zu gestalten, regte zu weiteren Gesprächen und zu einem intensiven Umgang mit dem Buchangebot in der Vorklasse an. Eine Woche „Tierbücher", in der nächsten „Gespenstergeschichten", Märchen und „komische Geschichten" ließen bald den Wunsch aufkommen: „Wann machen wir das nächste Buch?".

Eine Buchausstellung zum Thema „Mein Lieblingsbuch" mit Zeichnungen der Kinder und das „Büchereibuch" wurden zum Anlass eines Elternabends mit Empfehlungen zum Buchkauf und zur Büchereibenutzung.

Abb. 10: In der Stadtbücherei: Andrea (7, 2) gibt die Lesesituation in der Bücherei detailliert wieder, Regale, Ausstellungstische und sitzende und stehende Kinder bei der Buchbetrachtung. Ihre Bildunterschrift lautet: „Andrea holt sich ein Buch aus dem Bücherregal. Es macht ihr Spaß die Bilder anzusehen." (Buntstiftzeichnungen, Ölkreide und Filzstifte auf weißem Karton. Format 21 cm · 30 cm)

24

4. Alle Kinder lernen lesen

In einer von Schrift geprägten Umwelt dürfen Umgangserfahrungen mit Schrift und Lesen bei Vorklassenkindern nicht gering eingeschätzt werden. Schon vier- bis fünfjährige Kinder benennen einzelne Buchstaben.[4] Sie beginnen während der Vorklasse - und manche schon früher – ihre Vornamen ab- oder aufzuschreiben. Das gelingt ihnen sogar ohne Vorlage und auch bei Namen mit langer Buchstabenfolge. Selbst schwierige Namen wie Katharina, Sebastian und Yvonne werden richtig geschrieben und einzelne Buchstaben benannt.

Abb. 11:
Kindernamen, geschrieben von Vorschulkindern (5, 4 – 6, 1) nach drei Monaten in der Gruppe. Alle Kinder schreiben ihre Namen – außer Jens – gut lesbar in Großbuchstaben und richtig auf. Das Poster hängt an der Tür des Gruppenraumes und die Kinder können jederzeit von dem Namenposter abschreiben. (Format 60 cm · 40 cm)

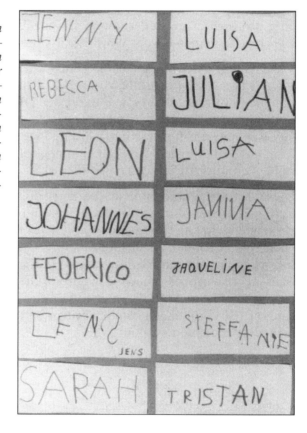

---

[4] Witt, H., Was Grischa vor Schuleintritt schon schreiben konnte, in: Naegele, I., Valtin R. (Hrsg.) Schreiben ist wichtig!, Grundlagen und Beispiele für kommunikatives Schreiben(lernen). Frankfurt a. M. 1986.

Bevorzugt verwenden Kinder bei ihren Spontanschreibungen Groß-buchstaben, deren Form sie auch bei gering entwickelter Feinmotorik der Finger lesbar „schreiben" können. Eine Untersuchung in fünfundzwan-zig Vorklassen an Berliner Grundschulen[5] hat ergeben, dass am Ende der Vorschulzeit 98 % der Kinder ihre Namen korrekt in Großbuchstaben aufschreiben können. 60 % sind darüber hinaus in der Lage, auf einem ABC-Blatt den Buchstabenbestand ihrer Namen zu kennzeichnen.

Durchschnittlich können Kinder am Ende der Vorschulzeit zehn Buch-staben korrekt benennen und auch ganze „Wörter" an ihrer Schriftge-stalt, am „Wortbild" wiedererkennen. Sie sind fast ausnahmslos in der Lage alle Vornamen der Kinder ihrer Klasse zu lesen, wobei sie sich an Gestaltmerkmalen des Schriftbildes orientieren, z. B. an der Wortlänge oder an Buchstabenwiederholungen. Einzelne bereits bekannte Buch-staben helfen ihnen bei der Wortidentifikation.

Viele Kinder besitzen Spiele, die zum Wiedererkennen, Benennen und Vergleichen von Buchstaben anregen (Buchstaben-Lotto, -Domino, Memory). Werden diese Spiele unter der Obhut Erwachsener gespielt, lernen manche Kinder bereits das ganze Alphabet und können es aufsa-gen. Reklameschriften und Fernsehsendungen visualisieren Buchstaben-formen so eindringlich, dass es kaum noch Kinder gibt, die ohne Buch-stabenkenntnis zur Schule kommen.

Diese Art von Vorkenntnissen befähigt die Kinder jedoch noch nicht Leseoperationen in dem Sinne durchzuführen, dass Wörter und Sätze zusammengelesen werden und der Sinn des Erlesenen verstanden wird. Nicht wenige Kinder nutzen ihre Kenntnisse und Beobachtungen, um sich selbstständig „auf den Weg zur Schrift" (Brügelmann) zu machen. Daher ist es nicht überfordernd, schon in der Vorklasse dem Wunsch der Kinder zu entsprechen und mit ihnen erste Verschriftungen auszuführen. Lehr-gangsartige Vorübungen zum Schreiben und Lesen sollten jedoch noch nicht vorgenommen werden.

---

[5] Die Untersuchung fand im Rahmen der Ergänzungsausbildung für Vorklassenleiterinnen der Berliner Grund-schule in den Jahren 1990 – 1993 unter Leitung der Verfasserin statt.

4.1 ABC der Tiere:
Laute und Buchstaben zuordnen

Beobachtungen spontaner Schrifterkundung der Kinder sowie Spiele mit Plastik- und Steckbuchstaben ermutigen eine Vorklassenleiterin dem Wunsch ihrer Kinder nachzugeben und ein ABC-Buch zu gestalten. Anlass waren eine Reihe von ABC-Büchern in der Leseecke, sowie ABC-Puzzle und ABC-Memory, mit denen die Kinder besonders gern spielten. Außerdem sollte zur Aufnahmefeier der Schulanfänger ein Lied von Kindern einer 1. Klasse aufgeführt werden. Zu der bekannten amerikanischen Gospelmelodie „Glory! Glory! Hallelujah!" stellten sie - ergänzt durch Masken und Requisiten - pantomimisch Handlungen von Tieren dar, die jeweils einen Buchstaben repräsentierten. Der Text des Liedes thematisiert das Lesenlernen und hebt vokalische Anlaute hervor, die zu einem spaßigen Vierzeiler verbunden sind.

Hallo-Kinder-Lied

Alle Kinder lernen lesen.
Indianer und Chinesen.
Selbst am Nordpol lesen alle Eskimos:
Hallo Kinder – jetzt gehts los!

A, sagt der Affe, wenn er in den Apfel beißt.
E, sagt der Elefant, der Erdbeeren verspeist.
I, sagt der Igel, wenn er sich im Spiegel sieht.
Und wir singen unser Lied.

Alle Kinder lernen lesen.
Indianer und Chinesen.
Selbst am Nordpol lesen alle Eskimos:
Hallo Kinder – jetzt gehts los!

O, sagt am Ostersonntag jeder Osterhas.
O, sagt der Ochse, der die Ostereier fraß.
U, sagt der Uhu, wenn es dunkel wird im Wald.
Und wir singen, dass es schallt:
Alle Kinder lernen lesen. Usw.

Ei, sagt der Eisbär, der in der Höhle haust.
Au, sagt das Auto, wenn es um die Ecke saust.
Eu, sagt die Eule, heute sind die Mäuse scheu.
Und wir singen nochmal neu:
Alle Kinder lernen lesen. Usw.

U, sagt der Uhu unter einem Ulmenbaum.
Au, sagt die Auster, doch du hörst es leider kaum.
Ei, sagt die Eidechs, wenn sie in der Sonne liegt.
Und wir singen unser Lied:
Alle Kinder lernen lesen. Usw.

T, sagt der Tiger, wenn der Schnee in Tibet fällt.
B, sagt der Braunbär, denn er hat kein kleines Geld.
P, sagt der Panda, denn er lebt nicht gern im Zoo.
Darum singen wir nun so:
Alle Kinder lernen lesen. Usw.

K, sagt der Kater, weil er eine Katze liebt.
R, sagt die Ratte, wenn sie Rollschuh fahren übt.
Sch, sagt das Schweinchen, wenn sein Ferkel schlafen will.
Und nun sind wir alle still:
Alle Kinder lernen lesen.

Bald konnten auch die Vorklassenkinder den Text des Liedes auswendig und wünschten ebenfalls das Lied zu singen und zu spielen. In einer „freien Malstunde" wählte ein Kind den Reim „R sagt die Ratte, wenn sie Rollschuh fahren übt" als Malaufgabe mit der Begründung: „Wenn eine Ratte so was macht, ist es so lustig." Das entsprechend lustig gemalte Bild regte andere Kinder zur Nachahmung an und innerhalb einer Woche waren fast alle Verse des Liedes illustriert.

Die Vorklassenleiterin steuerte die Malbegeisterung der Kinder durch die Vorgabe eines einheitlichen Bildformates. Sie ließ die Kinder auch eine einheitliche Maltechnik aussuchen und sie entschieden sich für Deckfarben und Pinsel. Es entstanden farbenkräftige Bilder. Zu besonders lustigen Versen und beliebten Tieren (Tiger, Osterhase und Igel) wurden mehrere Bilder gemalt, die später besprochen und verglichen wurden. Daraus ergaben sich erste Bildkommentare.

Der Vorschlag den zugehörigen Text des Liedes auf die Bilder zu schreiben wurde bald mit der Begründung verworfen, das sähe nicht schön aus. Dafür entstanden separate Textseiten mit dem jeweiligen Vers und einem Bildkommentar, den die Kinder diktierten und den die Vorklassenleiterin aufschrieb. Die Leitbuchstaben wurden grafisch besonders hervorgehoben und bald von allen Kindern richtig benannt.

Ihre Kommentare überlegten sich die Kinder sehr genau. Sie fanden ganz persönliche Formulierungen, obgleich sie die einzelnen Verse auch auswendig nachsprechen konnten. Um den Sinn der Verse mit ihren sprachlichen Möglichkeiten (Altersmundart) auszudrücken wählten sie andere Wörter (z. B. Straße für Ecke, Kinder für Ferkel, Lernen für Üben) und andere Satzkonstruktionen. Das Bild zu dem Satz: „Sch, sagt das Schweinchen, wenn sein Ferkel schlafen will.", kommentierte Monika (6,5 Jahre):

> „Die Mutter will, dass ihre Schweinchen schlafen, aber die Sonne scheint so, und die Kinder wollen nicht schlafen."

Markus (5,7 Jahre) verändert den Satz: „Au, sagt das Auto, wenn es um die Ecke saust.", zu:

> „Eine Straße, wo ein Auto drauf fährt."

Die beiden Beispiele zeigen, dass Kinder vorgegebene Sprachmuster nicht einfach wiederholen, sondern - entsprechend ihrem Entwicklungsstand - zu eigenen Aussagen verarbeiten. Wie Kinder gesprochene Sprache verstehen, welche Wortwahl sie treffen und welche Ausdrucksmöglichkeiten sie benutzen, sind wichtige Gesichtspunkte bei der Beobachtung der Sprachentwicklung.

Die Fertigstellung des Buches wurde mit großer Umsicht vorgenommen. Um die ausdrucksvollen und lustigen Bilder gut zur Geltung zu bringen wurden sie auf verschiedenfarbige Kartons aufgezogen. Die Kinder sind stets beeindruckt davon, wie schön ihre Bilder wirken, wenn sie von farbigen Passepartouts eingerahmt werden. Diese können Kinder auch selbst in einer Nass-in-Nass-Technik mit Schwämmchen herstellen. Die kolorierten Flächen wirken gut als Hintergrund für Wachs- und Deckfarbenmalerei.

Die dazugehörigen Textseiten mussten nun den Bildern zugeordnet und auf die gegenüber liegenden Seiten geklebt werden. Um die richtige Reihenfolge herzustellen benötigten die Kinder die Hilfe der Pädagogin. Auf den Einbandseiten unter dem Titel „Alle Kinder lernen lesen" versammelte sich ein Reigen von Kindern aus aller Welt, Eskimos, Chinesen und Indianer.

Als das fertig gebundene Buch vor ihnen lag – eine eindrucksvolle Gemeinschaftsarbeit –, waren die Kinder mit ihrem Werk sehr zufrieden. Stolz zeigten sie es jedem Besucher und nahmen es am Ende ihrer Vorschulzeit in ihre erste Klasse mit.

4.2 Monogramme: Mein erster Buchstabe

ABC-Bücher - gekaufte und selbst gestaltete - haben bei der Annäherung an die Schriftsprache eine besondere Funktion. Der Buchstabe, das elementare Schriftzeichen, also die Schrift selbst, wird zum Thema und Gegenstand des Buches, der Illustration und der Texte. Dadurch wird die Aufmerksamkeit der Kinder intensiv auf Sprache und Schrift gelenkt. Große Druckbuchstaben führen durch das ganze Alphabet, verbunden mit lustigen gereimten Texten. Diese sind oft sprachspielerisch und onomatopoetisch gestaltet, für Kinder ein vergnüglicher Lesespaß.[6] Die einfachen Schlagreime lassen sich gut merken und bald können die Kinder die Reime nachsprechen, z. B. ein bekanntes ABC-Buch von Max Velthuijs[7]:

A ist der Affe - er isst mit der Pfote.
B ist der Bäcker, er bäckt braune Brote. Usw.

---

[6] Janosch, ABC für kleine Bären. 2. Auflage. Weinheim/Basel 1984
Moser, E., Das Katzen ABC. Weinheim/Basel 1985.
[7] Velthuijs, M., A ist der Affe, das bunte Bilder ABC. (niederl./dtsch.) 1964, 1966

Die intensive Beschäftigung mit dem ABC-Lied und das wiederholte Lautieren der Anlaute der Tiernamen hat noch einen zusätzlichen Effekt. Die konsonantischen Laute werden nicht mit Buchstabennamen benannt, wie es geübte Leser den Kindern oft vormachen. Sie benennen k mit /ka/, l mit /el/ und sch mit /es-ze-ha/. In dem Lied singen die Kinder jedoch /k/, /l/ und /sch/ als Einzellaut ohne Vokalergänzung. Auf diesem Wege gelingt es, die Laut-Buchstabenzuordnung bei Konsonanten für das alphabetisch-phonologisch orientierte Lesen des Anfängers zu erleichtern. Dieser Gesichtspunkt sollte auch bei allen Übungen zur Lautidentifikation und Artikulation, die oft zur Lesevorbereitung durchgeführt werden, beachtet werden. Weit verbreitete ABC-Bücher verwenden ebenfalls Buchstabennamen beim Lautieren und erschweren damit die ersten Leseversuche der Kinder.

/Au/ - wie Auster, /k/ wie Katze und /h/ wie Hummer, die Anlaute der Tiernamen regen die Kinder an auch die Anlaute ihrer eigenen Namen zu untersuchen und zu vergleichen. Sie stellen bald fest, dass MIRIAM, MONIKA, MARKUS und MARIA am „Anfang" gleich klingen und dass man das auch sehen kann, denn diese Namen werden alle mit einem „M" geschrieben. Daraufhin werden auch die anderen Kindernamen der Gruppe verglichen und weitere Gleichartigkeiten entdeckt: SVEN und SEBASTIAN mit „S", ANNA und ANSGAR mit „A". Aber es gibt auch Namen, deren Anlaut nur einmal vorkommt, wie bei JULIA und ERKAN.

Spiele mit Namenskarten unterstützen die Laut-Buchstabenzuordnung. Die Karten werden in einer Zaubertüte versteckt und nur bis zum ersten Buchstaben hervorgezogen. Die Kinder lautieren den Buchstaben und raten, zu welchem Namen der Buchstabe gehören könnte. Bekannte Anfangsbuchstaben werden bald auch innerhalb der Wörter entdeckt und es beginnt eine intensive Buchstaben-Suchaktion. Sind weitere Buchstaben als In- und Anlaute erkannt, fangen die Kinder an den gesamten Buchstabenbestand ihrer Namen zu lautieren.
Werden diese Übungen spielerisch durchgeführt, sodass die Kinder sie nicht als Zwang empfinden, verfügen sie bald über eine Anzahl von Buchstaben und beginnen Wörter zu erlesen, zu stempeln und zu schreiben. Die optisch-akustische Analyse geht bald in erstes alphabetisches Erlesen über.

Erste Buchstaben ihrer Eigennamen gestalteten Kinder einer Vorklasse als Monogramme. Die Großbuchstaben wurden als „Hohlbuchstaben" auf DIN A4 angeboten und mit verschiedenen grafischen Techniken ausgeschmückt oder mit Wollfäden, Federn, Glimmer und Stoff beklebt. Die zunächst als Poster ausgestellte Buchstabensammlung wurde zu einem Anlautbilderbuch mit dem Titel „Mein erster Buchstabe" gebunden. Diesen Titel wählten die Kinder mit der Bedeutung „das ist der erste Buchstabe meines Namens". Es folgte ein Klappbilderbuch mit Tiernamen und deren Anlauten; verbindender Text war das Gedicht vom kleinen Käfer Nimmersatt, einem ABC-Gedicht.

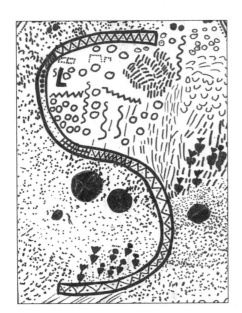

Abb. 12: Monogramme: „Mein erster Buchstabe" ist eine Sammlung der Anfangsbuchstaben von Vornamen der Kinder. Sie haben am Ende der Vorschule ihren Anfangsbuchstaben in verschiedenen grafischen Techniken ausgeschmückt. Manche Kinder benutzten auch plastisches Material wie Wollfäden, Stoff, Sand und sogar Zucker, um ihre Buchstaben „anzuziehen". Diese Blätter wurden mit Folie überklebt und dadurch für das Buch haltbar gemacht. (Buchformat 42 cm · 30 cm)

Zwei Darstellungen zu einem aufwendig gestalteten Anlautbilderbuch nach Versen eines beliebten Kinderliedes: „Alle Kinder lernen lesen." Die Kinder wählten kräftige Deckfarben für ihre flächendeckenden Bilder.
Monika (6,5) malt den Uhu mit zügigen Pinselstrichen in blau und schwarz in den dunklen Wald und einige Sterne und den Mond dazu. Ihr Text: „Der Uhu will ein paar Mäuse fangen." (Abb. 13)

Auf Patricks (5, 9) Bild fallen viele Schneeflocken vor violettem Hintergrund. Der gelbschwarz gestreifte Tiger erhält den Text: „T, sagt der Tiger, denn er will schlafen.", geschrieben von der Pädagogin. (Buchformat 35 cm · 50 cm) (Abb. 14)

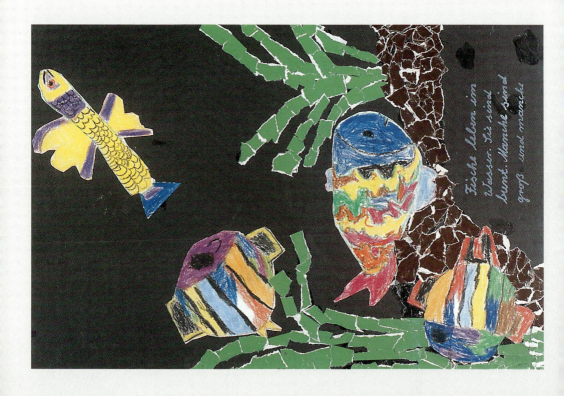

5. Von Sachgeschichten zu selbst gemachten Sachbüchern

Wer, wie, was, warum? Wer nicht fragt, bleibt dumm. Kinder stellen Fragen, sind neugierig und wünschen Antworten, die ihnen helfen die Welt zu erklären. Sachbücher in großer Fülle geben Auskunft über Phänomene, die zum Erfahrungsbereich der Kinder gehören. Vielfarbige Abbildungen und aufwendige Gestaltungen regen zum Tasten, Riechen und Experimentieren an und machen diese Bücher zur beliebten Lektüre schon im Vorschulalter. Sie gehören in jede Leseecke. Das Interesse der Kinder an dieser Art von Büchern regt an, Sachbücher mit Kindern zu gestalten. Stets gehen intensive Sacherfahrungen, Beobachtungen an konkreten Gegenständen und selbst durchgeführte Experimente einer Buchgestaltung voraus. Sie beschränkt sich nicht darauf, bereits vorhandenes Wissen der Kinder in Bild und Text zu erfassen, sondern dokumentiert neu erworbene Kenntnisse, Einsichten und fördert mit der Erweiterung des kindlichen Wissens die Begriffsbildung und Sprache.

Drei Beispiele selbst gestalteter Sachbücher werden vorgestellt: „Ein Besuch im Aquarium" und „Ein Besuch bei Thomas" (in seiner Wohnung) scheinen auf den ersten Blick wenig Gemeinsames zu haben. Beide Themen sind jedoch so angelegt, dass sie das Erkundungsverhalten der Kinder auf bestimmte Sachverhalte lenken (Aquariumstiere und ihre Lebensweise), oder auf Beobachtungen in sozialen Situationen (eine Wohnung und ihre Bewohner). Das 3. Buch „Der Nebel ist ein Gespenst" wiederum zeigt den Weg vom Sachgegenstand „Nebel" zum Ausdruck von „Gefühlen", die Kinder haben, wenn sie zum ersten Mal einen Nebeltag in der Stadt erleben. Der Nebel als Wettererscheinung wird auf dem Denkniveau der Kinder sachlich erklärt und darüber hinaus auch zum Anlass, über Ängste und andere Gefühle zu sprechen. Die Sache wird zum Anlass die Dinge der Umwelt genau anzuschauen, Farben und Formen wahrzunehmen und zu benennen.

Unser Besuch im Aquarium ist das Buchprojekt einer Vorklassengruppe einer Ganztagsschule (5, 9 – 7, 2 Jahre). Die intensive Beobachtung und Auseinandersetzung mit biologischen Informationen zu den einzelnen Tierarten befähigte die Kinder zu detailgetreuen Darstellungen. Als Gruppenarbeit entstanden neun verschiedene Doppelseiten mit Collagen zu den einzelnen Tierarten (Ölkreidezeichnungen) in ihrem Lebensraum aus Wasserpflanzen, Steinen und Algen. (Abb. 15: Schildkröten, Abb. 16: Fische) (Bildformate: 50 cm · 70 cm, Buchformat: 50 cm · 35 cm).

5.1 Besuch im Aquarium:
Von der Erkundung zum Sachbuch

Ein Besuch im Aquarium des Berliner Zoologischen Gartens (Zoo) ergab
den Anstoss, ein Tierbuch besonders einfallsreich zu gestalten, weil die
Kinder von der Vielfalt der Tiere und Pflanzen mit ihren seltenen Formen
und herrlichen Farben begeistert waren. Sie beschlossen ihre Eindrücke
und Beobachtungen in einem Buch zusammenzufassen. Das Interesse der
Kinder an unbekannten, aber lebendigen Tieren war geweckt und sie wollten mehr wissen. In einer Gesprächsrunde verabredeten die Kinder, über
welche Tiere sie in ihrem Buch berichten wollten und einigten sich auf:
Schildkröten, Fische, Frösche, Seesterne, Schnecken, Schlangen und Krokodile. Diese Tiere gefielen ihnen im Aquarium besonders gut und sie
wollten versuchen bei der Bildgestaltung die vielen schönen Farben wiederzugeben.

Besondere Aufmerksamkeit erregten die Landschildkröten wegen ihrer
Größe und die Wasserschildkröten, deren Schwimmkünste bei den Kindern große Begeisterung auslösten. In der Vorklasse wurde eine lebende
Schildkröte zum Anschauungsobjekt. Jedes Kind durfte das Tier vorsichtig in die Hände nehmen. Da es aber recht groß war und harte Krallen an
den Extremitäten hatte, waren die Kinder eher ängstlich, wurden jedoch
immer mutiger, je länger sie die Schildkröte beobachten und betasten
durften. Viele Fragen wurden gestellt und die Kinder brachten ihre Vor-
kenntnisse in ersten Erklärungsversuchen ein. Die Pädagogin notierte die
Fragen, um sie später anhand von Kindersachbüchern und anderem Infor-
mationsmaterial zu beantworten.

Die Fragen der Kinder:

> Wie machen die Schildkröten den Panzer?
> Wie kommt die Schildkröte in ihren Panzer
> hinein?
> Warum hat der Panzer so ein Muster?
> Wie lange können Wasserschildkröten unter
> Wasser schwimmen?
> Wozu haben die Landschildkröten solche
> harten Krallen?
> Können die Schildkröten beißen?
> Was fressen sie am liebsten?

Die unmittelbaren Beobachtungen ergaben eine erste Beschreibung:

> Die Schildkröte läuft langsam, ihr Panzer ist
> schwer, sie frisst Salat und Gemüse, der Kopf
> ist klein, sie hat ein kleines Schwänzchen. Die
> Landschildkröte hat harte Krallen an den
> Füßen, damit kann sie im Sand graben. Es gibt
> auch Wasserschildkröten, die können gut
> schwimmen. Die Beine der Wasserschild-
> kröte sehen aus wie Flossen.

Die Kinder versuchten Schildkröten zu malen. Wer sich diese Arbeit nicht zutraute, schnitt aus Tapetenresten „Steine" aus, um den Boden des Aquariums darzustellen. Dazu mussten einige Wasserpflanzen gemalt werden, eine leichte Aufgabe für ungeübte Kinder. Die Schildkröten wurden ausgeschnitten und mit den Steinen und Wasserpflanzen auf schwarzem Karton zu einer Collage zusammengestellt. Dabei arbeiteten die Kinder in Gruppen und erhielten Hilfe beim Kleben und Ausschneiden. Das erste Ergebnis war so beeindruckend, dass immer neue Ideen entwickelt wurden: Frösche und Fische wurden gefaltet und dadurch erhaben dargestellt; Zeitungspapier, Transparent- und Dekopapiere ergaben interessante Möglichkeiten Farbkontraste darzustellen; Astern und Chrysanthemen wurden aus Blumenkatalogen ausgeschnitten und als „Seeanemonen" zwischen Algen und Seesterne geklebt.

Aus zusätzlichen Informationen, die Sachbüchern entnommen wurden, entstand ein Text, der die wichtigsten Aussagen der Kinder zusammenfasste und von der Pädagogin aufgeschrieben wurde.

Die Schildkröten sind so groß, dass wir uns auf ihren Panzer setzen können.
Sie haben große Augen und einen kleinen Schwanz.
Der Kopf sieht aus wie ein Ei.
Die Schildkröten haben Ungeziefer unter dem Panzer und kleine Fische fressen alles weg.
Wasserschildkröten können schwimmen.
Ihre Schwimmflossen sehen aus wie Flügel.

Die Kinder wurden nicht gedrängt alle angesprochenen Fragen und Erklärungen in ihren Text aufzunehmen. Es kam eher darauf an, das neu erworbene Wissen so darzustellen, wie sie es mit ihren Begriffen ausdrücken konnten.

Im Aquarium hatten die Kinder ein Taschenbuch gekauft, in dem viele bunte Zierfische abgebildet und beschrieben waren. Um einen Fisch so genau wie möglich und mit allen Sinnen zu erkunden und dabei auf viele neugierige Fragen eine Antwort zu finden, gingen die Kinder in ein Fischgeschäft und kauften grüne Heringe. In ihrem Gruppenraum wurden die Fische auf den Tischen ausgebreitet, von allen Seiten angesehen und betastet, was einzelne Kinder jedoch nur zögernd taten. Kopf und Körper, Rücken und Bauch, Schuppen, Augen, Kiemen und Schwanzflosse waren fast geläufige Bezeichnungen, aber „Milch" und „Rogen" unverständliche Begriffe. Nachdem alle Kinder die Fischkörper oft genug betastet hatten, wurden diese aufgeschnitten und die Innereien angeschaut. Sie versuchten die Gräten herauszulösen und die Zähne zu ertasten.

Am Ende der Fischerkundung wurden die Heringe gebraten und aufgegessen. Einige Kinder waren sehr froh, dass man Zierfische nicht essen kann.

Weil die Heringe nicht so bunt sind wie die Zierfische im Aquarium, wählten die Kinder die schöneren Zierfische für ihre nächste Collage. Die Aquariumsumgebung gestalteten sie in Reißtechnik aus vielen farbigen

Papieren. Der erläuternde Text wurde mit Hinweisen aus dem Buch über die Zierfische ergänzt:

> Fische leben im Wasser. Sie sind bunt.
> Manche sind groß und manche sind klein.
> Sie haben Flossen und Schuppen.
> Fische verstecken sich zwischen den Wasser-
> pflanzen, wenn sie schlafen wollen.
> Manchmal streiten sie sich.

In gleicher Intensität erarbeiteten die Kinder Informationen über den Seestern, der in einigen getrockneten Exemplaren untersucht werden konnte, über Frösche, Schlangen und Krokodile. Bei der Beschäftigung mit den einzelnen Tierarten war zu beobachten, wie sich das Interesse der Kinder zunehmend erweiterte. Sie wollten immer mehr über die Lebensweise der Tiere erfahren und merkten sich viele Einzelheiten. Sogar zoologische Fachbücher und wissenschaftliche Zeitschriften brachten sie mit. Auf diese Weise entnahmen sie viele Informationen zu den einzelnen Tierarten einer immer größeren Sammlung an Sach- und Bilderbüchern.

Bei der Arbeit entstanden kleine „Teams" mit beachtlichem Sachwissen über die Tiere, aber auch mit zunehmender Fertigkeit im Umgang mit Stiften, Papier und Schere. Die Fantasie der Kinder wurde angeregt und die Bildgestaltung immer origineller. Die Collage blieb die bevorzugte Bildgestaltung mit immer einfallsreicherer Materialauswahl. Es entstanden doppelseitige farbenfrohe Bildtafeln mit vielen Details, fast jede Seite in einer anderen Gestaltungstechnik (siehe Abb. 15 und 16).

5.2 Unsere Vorklasse besucht Thomas:
Eine soziale Situation in Bild und Text festhalten

Kinder in der Großstadt leben oft in der Anonymität eines Mietshauses. Was hinter den Türen der anderen Wohnungen geschieht, bleibt aber auch Kindern auf dem Land oft verborgen. Sie sind trotzdem neugierig und möchten wissen, ob die anderen Menschen genauso leben wie sie und wie es in den Wohnungen aussieht.

Berichten Kinder über ihre Familie, ihre Wohnung und ihr Haus, gehen sie in diesem Alter von der Vorstellung aus, die Zuhörer müssten sich bei ihnen genauso gut auskennen wie sie selbst. Sie beschreiben Tätigkeiten oder besondere Ereignisse, denn die Wohnung ist für sie kein Objekt, sondern eine soziale Situation.

> „Bei mir zu Hause, da ist ein Korridor, ein Zimmer und noch ein Zimmer, wo wir spielen. Da schlafen wir auch. Manchmal auch bei Mama, aber nur wenn Papa weg ist. Eine Küche ist da auch."

> „Wir haben auch eine Küche mit einer Waschmaschine, die ist mal ausgelaufen. Und da war alles nass."

> „Wir haben einen Balkon, da ist mal die Tür zugeschlagen und da war alles voll mit Glas."

Der gemeinsame Besuch in einer fremden Wohnung sollte die Kinder anregen genau hinzuschauen, was alles in einer Wohnung passiert, welche Räume es gibt und ob es bei ihnen zu Hause ähnlich oder anders aussieht. Mit den Eltern eines Kindes wurde ein Besuch vereinbart. Die Mutter von Thomas wollte es auf sich nehmen, dass vierzehn Kinder ihre Wohnung „untersuchen", in alle Ecken schauen und neugierige Fragen stellen. Die Kinder erhielten den Auftrag sich etwas ganz besonders genau anzusehen, um darüber im Gesprächskreis zu berichten. Wer wollte, durfte auch etwas aufzeichnen, um es sich besser zu merken.

Einen Tag vor seinem Besuch erzählte Thomas ausführlich von seiner Familie; die Oma war zu Besuch bei ihnen. Daher malten die Kinder Bilder mit Blumen in einer Vase, um sie der Oma mitzubringen.
Der Gang der Kinder bis zur Haustür wurde auf Fotos festgehalten, das Treppenhaus und die Wohnungstür. Als die Kinder in den Räumen aktiv

wurden, gab es auch davon Fotos sowie von der Oma auf dem Balkon beim Kaffeetrinken. Ein Kind schrieb die Namen des Kühlschranks und der Waschmaschine ab, um sie mit denen der eigenen Geräte zu Hause zu vergleichen. Andere fragten nach dem Inhalt der Schränke und staunten über die Etagenbetten mit den bunten Vorhängen. Aber am wichtigsten war doch das Ausprobieren der verschiedenen Spielsachen.

Am nächsten Tag besprachen die Kinder ausführlich ihre Eindrücke und zeichneten ein Bild zu dem, was für sie besonders eindrucksvoll gewesen war. Es erstaunt nicht, dass die meisten Kinder die Spiele und das Spielzeug in Thomas Kinderzimmer zeichneten, über diese Gegenstände am deutlichsten Auskunft geben konnten und dazu auch am häufigsten die entsprechenden Fotos wählten und kommentierten.

Wegen der Komplexität der Situation, eine Wohnung und ihre Bewohner zu beobachten, waren die Kinder noch nicht in der Lage die Fülle der Eindrücke sprachlich vollständig wiederzugeben. Ihre Texte blieben schlicht beschreibend, Beziehungen konnten nicht ausgedrückt werden. Die Bildkommentare der Kinder wurden von der Pädagogin jedoch unverändert, ohne Korrektur des Ausdrucks aufgeschrieben und den Fotos hinzugefügt:

> Das ist die Haustür von Thomas. Hier wohnt er. Dann sind wir nach oben in die Wohnung gegangen.
>
> Die Kinder malen ein Bild in Thomas Kinderzimmer. Sascha spielt mit der Eisenbahn. Marcel malt die Schienen der Holzeisenbahn. Marcel und Fadi bauen mit Duplo-Bausteinen.
>
> Jasmin und Sascha machen Musik auf einem Kinderklavier.
>
> Thomas Oma trinkt Kaffee auf dem Balkon.
>
> Marisa und Johanna gucken in den Kühlschrank und lachen.

Abb. 17: Im Kinderzimmer
Ein Beitrag zum Fotobilderbuch „Unsere Klasse besucht Thomas." Den Ablauf des Besuches hielt die Pädagogin in Fotos fest. Das Buch entstand aus den Gesprächen der Kinder zu den dargestellten Szenen auf den Fotos. Sie formulierten kurze Texte, die von der Pädagogin aufgeschrieben wurden. Ramona malte sich zu der Szene im Kinderzimmer dazu und diktierte den Text: „Die Kinder malen ein Bild in Thomas Zimmer." (Buchformat 30 cm · 40 cm).

Bei den Gesprächen in der Gruppe war jedoch eine deutliche Zunahme der Sprechaktivität und eine differenzierte Ausdrucksweise der Kinder zu beobachten. Sie äußerten sich detailliert über ihre Wahrnehmungen und Beobachtungen beim Wohnungsbesuch und berichteten ausführlich über Einzelheiten. Fast alle stellten Vergleiche mit ihren Wohnverhältnissen an und beschrieben die Unterschiede. Dabei suchten sie nach möglichst genauen Bezeichnungen, eine Anregung zur Erweiterung ihres Sprechwortschatzes.

Simion: „Wir haben kein Hochbett wie bei Thomas. Wir haben eine Klappcouch. Die klappen wir abends auf und dann legt Mama die Betten drauf."

Katrin: „Du meinst die Kissen und die Decke. Betten kann man doch nicht auf die Couch legen."

Zuhören, was die anderen sagen und darauf eingehen, Gesprächsregeln einhalten, abwarten bis man dran ist, wird in solchen Gesprächssituationen von den Kindern als notwendig erkannt und praktiziert.

Zum Abschluss des Buchprojekts wurde der Vorschlag der Kinder aufgegriffen, ein Wohnhaus zu bauen. Aus vielen Schuhkartons entstanden die Wohnungen, die von den Kindern tapeziert, mit Möbeln und Gardinen ausgestattet wurden. Kleine Figuren zogen als Bewohner ein.

5.3. Der Nebel ist ein großes Gespenst: Gefühle zum Ausdruck bringen

Nebel in der Stadt, so dicht und undurchsichtig, wie ihn selbst Erwachsene nicht erlebt haben. Aufgeregt und auch ein bisschen ängstlich kommen Neuköllner Kinder in die Schule. Sie berichten erstaunt von ihren Beobachtungen: Die Autos haben die Scheinwerfer an, und sind wie die Straßenlaternen kaum zu erkennen. Sogar die Kinder auf der anderen Straßenseite sind nur undeutlich zu sehen, die Bäume im Park fast ganz verschwunden und man kann keine Farben sehen.

„Der Nebel ist ein dickes Gespenst", ist das erste Urteil, und die Kinder sind überwiegend der Meinung, sie müssten sich vor dem Nebel fürchten. Nur ein Kind wendet ein: „Meine Mama hat gesagt, der Nebel geht auch wieder weg, dann scheint wieder die Sonne."

Wenn wir den Nebel genauer untersuchen und die Ursachen verstehen, verlieren die Kinder vielleicht ihre Angst. Es kommt dabei nicht darauf an, wissenschaftliche Erklärungen zu geben, sondern altersentsprechend durch genaues Beobachten etwas mehr zu erfahren und zu wissen.

Die Kinder dieser Gruppe sind daran gewöhnt, ihre Schulumgebung zu erkunden. Im Herbst haben sie im nahe gelegenen Park die bunten Blätter gesammelt und daraus Laubbäume gestaltet. Sie haben Vögel bei der Futtersuche, Käfer und Regenwürmer beobachtet, die Arbeit auf einer Baustelle und den Betrieb auf dem nächsten S-Bahnhof. Sie benutzen dazu ein „Guckrohr" (eine etwa 30 cm lange Papprohre), um genau hinzusehen und Einzelheiten und Farben in Ausschnitten zu betrachten. Ihre Wissbegierde wird dadurch angeregt und es werden viele Warum-Fragen gestellt.

An diesem Vormittag wird ein Spaziergang durch den Nebel gewagt, und die Kinder beobachten zunächst vom Schulhof aus, was im Nebel alles zu sehen ist und was nicht. Das Dach des Schulhauses, die Bäume im Park und alle Häuser auf der anderen Straßenseite sind verschwunden. Die Lichter der Laternen schimmern verschwommen und den sonst hell erleuchteten S-Bahnhof können sie nur vermuten. Der Himmel und die Sonne sind nicht mehr zu sehen, und die Farben sehen alle aus wie in Milch getaucht. Je höher sie gucken, umso grauer sieht alles aus. Die Kinder verteilen sich auf dem Schulhof, bis sie die bunten Farben ihrer Anoraks und ihre Bewegungen fast nicht mehr erkennen können.

Nach einem kurzen Rundgang durch das Wohnviertel besprechen die Kinder in der Klasse ihre Eindrücke. Zunächst sind es überwiegend ängstliche Gefühle, die sie zum Ausdruck bringen.

„Ich habe im Nebel Angst."

„Der Nebel verschluckt das Glitzern."

„Auf der Straße huschen Gespenster."

„Nebel ist gruselig, weil er wie ein Monster aussieht."

„Im Nebel sieht man nichts, da hab ich Angst."

„Alles sieht verschwommen aus, wenn Licht ist, kann man was sehen, und im Nebel ist es dunkel."

„Nebel ist wie ein Riese oder wie auf der Geisterbahn."

„Ich will keinen Nebel, weil die Autos so langsam fahren müssen."

Aber nicht alle Kinder reagieren furchtsam:

„Nebel ist toll, weil der Wald sich verzaubert."
„Ich freu mich, wenn Nebel ist, weil er so kuschelig ist."
„Nebel ist so schön, weil er so weiß ist und sich auf der Haut so schön anfühlt."

Die Fenster werden geöffnet um den Nebel auf der Haut zu fühlen oder ihn in die Klasse hereinzuholen. Die Fragen: „Wer macht den Nebel und was ist das?", sollen nun erste Antworten finden. In der Klasse wird „Nebel" gemacht, indem die Dampfentwicklung über sprudelnd kochendem Wasser in einem Wasserkocher beobachtet wird. Die Dampfwolken verschwinden zwar bald, aber die Kinder stellen fest: „Das ist wie ein bisschen Nebel". Vorsichtig halten sie ihre Hände über den Dampf und spüren die Feuchtigkeit auf der Haut.

Nun verstehen sie, dass der Nebel draußen eine riesengroße Wolke ist, die sich auf die Erde legt. Wenn es viel geregnet hat, wie in den letzten Tagen, dann „dampft" die Erde und der Dampf wird zu einer großen Wolke. Wolken kann man auch beim Fliegen sehen, wenn man in einem Flugzeug durch die Wolken fliegt. Aber die Nebelwolke ist so kalt und so „schwer", dass der Wind sie nicht fortwehen kann. Nun brauchen wir nur auf den Wind zu warten und der Nebel wird verschwinden.

Damit wir nicht vergessen, was wir im Nebel gefühlt haben und wie die Welt im Nebel ausgesehen hat, gestalten die Kinder ein „Nebelbuch". Sie überlegen, wie man Nebel malen könnte. Da sie gewöhnt sind in klaren Farben zu malen, müssen sie nun den Nebel mit auf ihre Bilder bringen. Viele Versuche werden durchgeführt, ein Übermalen mit Deckweiß wird mit der Begründung verworfen, der Nebel verbirgt nur die Farben und Formen, wenn er weg ist, ist alles wieder zu sehen. Das soll auch auf ihren Bildern zu erkennen sein. Die besten Ergebnisse entstehen durch das Überkleben der farbigen Bilder mit Seiden- oder Transparentpapier. Auch ganz dünn ausgezogene Watte lässt die Bilder wie im Nebel erscheinen.

Die Texte schreiben die Kinder in Druckschrift von einem Poster ab, das die Pädagogin nach den ersten spontanen Äußerungen zusammengestellt und ausgestellt hat. (Es sind Kinder einer Eingangsstufe der Berliner Grundschule, am Beginn der ersten Klasse, daher haben sie mit dem Lesen und Schreiben erster Texte bereits begonnen.)

Das ästhetisch ansprechende Buch ist nach der Fertigstellung nur einmal vorhanden, ein Unikat. Es erregt aber den Wunsch der Kinder, ein eigenes Exemplar zu besitzen. Der Versuch wird unternommen, von dem farbigen Original s/w-Kopien herzustellen. Gespannt verfolgen die Kinder den Kopiervorgang und kommentieren:

„Im Gerät ist Nebel, weil die Bilder jetzt richtig neblig sind."

„Ist das spannend, wenn die Bilder aus dem Ding (Kopierer) herauskommen. Ich glaube, die mag ich lieber, weil man so schön denken kann."

„Erst war der Nebel ein dickes Gespenst. Jetzt trocknet sich das Gespenst in der Sonne."

Die s/w-Bilder werden zu einem Heft gebunden und bekommen neue fantasievolle Texte.

Themenwahl und Gestaltung dieses Buches sind von kindlicher Spontaneität bestimmt. Ratschläge werden nur erteilt, wenn die Schwierigkeiten so groß werden, dass die Kinder die Lust an der Weiterarbeit verlieren.

6. Bücher zu Märchen und anderen fantastischen Geschichten

„Kinder brauchen Märchen", die Feststellung Bettelheims[8] bestätigen Kinder, die immer wieder wünschen: „Erzählst du uns heute eine Geschichte?" Sogar fernsehverwöhnte Kinder hören gespannt zu, wenn ausdrucksvoll – unterstützt mit Gestik und Mimik – Märchen und Geschichten erzählt werden. Erzählen kommt bei den Kindern besser an als Vorlesen. Der Blickkontakt mit dem Erzähler erhält die Aufmerksamkeit, und die Spannung wird auch dadurch verstärkt, dass die Kinder in die Geschichte einbezogen werden. „Könnt ihr euch vorstellen, ...?, Was glaubt ihr, was dann passiert?, Wer guckt da auf einmal aus dem Pfefferkuchenhaus?, Und was sagt der Spiegel zur Königin?" In solchen Erzählsituationen entstehen Dialoge, die zum Mitsprechen, zum Nacherzählen und zu Rollenspielen anregen. Ein weiterer Schritt führt dann zur Umsetzung der Nacherzählungen in selbst gestaltete Bücher der Kinder.

6.1 Von den Indianern, die Löwen sehen wollten: Vom Hörspiel zum Buch

Im Morgenkreis erzählt die Vorklassenleiterin die Geschichte:

> Die Indianer sitzen in ihren Zelten und machen auf ihren Trommeln Musik. Der Indianerhäuptling kommt und sagt: „Wir wollen auf die Jagd gehen, vielleicht fangen wir einen Löwen." Die Indianermänner verabschieden sich von den Indianerfrauen. Die sind traurig, weil sie nicht mitgehen dürfen. Die Indianer nehmen ihre Speere und gehen los. Sie gehen über eine Wiese, durch einen Fluss, über eine Brücke, sie schleichen durch den Wald, steigen auf einen Berg und auf der anderen Seite wieder runter. Da sehen sie den Löwen. Der Löwe brüllt.

> Die Indianer drehen sich um und laufen den Berg wieder hinauf, den Berg wieder hinunter, durch den Wald, über die Brücke, durch den Fluss über die Wiese bis zu ihrem Zelt. Dort warten schon die Indianerfrauen und freuen sich, dass der Löwe die Indianer nicht gefressen hat. Die Indianer küssen sich und erzählen: „Wir haben den Löwen gesehen."

---

[8] Bettelheim, B., Kinder brauchen Märchen. 1980

45

Die Geschichte eignet sich als Bewegungsspiel und wird von Kindern pantomimisch gespielt und mit verschiedenen geräuscherzeugenden Instrumenten begleitet. In vielen produktiv-kreativen Handlungen wird die Geschichte dargestellt, ergänzt und mit großem Vergnügen immer wieder gespielt.

In einer Vorklasse gestalteten Kinder dieses Bewegungsspiel zu einem Hörspiel mit Instrumenten, die sie selbst hergestellt hatten. Diese bestanden aus Büchsen verschiedener Größe, gefüllt mit unterschiedlichen Inhalten: Reis, Bohnen, Knöpfen, Steinen und Holzwürfeln. Die Kinder probierten aus, wie die Büchsen beim Schütteln klingen: hell oder dunkel, laut oder leise, freundlich oder gefährlich. Sie beobachteten auch, wie sich die Geräusche veränderten, wenn sie ihre Büchsen heftig oder langsam schüttelten oder sogar als Trommeln benutzten. Auch andere Gegenstände wurden auf ihre Klangqualität hin untersucht und in das Instrumentarium einbezogen. Auf diese Weise fanden intensive auditive Übungen statt. Das Bewegungsspiel wurde nun als Hörspiel gestaltet und Text und Geräuschbegleitung auf Tonband aufgenommen. Beim Abspielen erkannten die Kinder bald, dass die Geräusche in der Lautstärke variiert werden müssen, damit auch die Texte verstanden werden können.

Das Hörspiel sollte in einer Bilderfolge dargestellt werden. Die Kinder wählten Motive zu den einzelnen Textabschnitten und klebten sie auf besonders vorbereitete Passepartouts. Diese wurden im Marmorierverfahren gestaltet, das die Kinder gerade kennen gelernt hatten und nun wieder ausprobieren wollten. Unter den marmorierten Kartonblättern wählten sie farblich passende als Rahmen für ihre Bilder. Das farbästhetische Urteil der Kinder war sehr sicher, und es entstanden harmonische Bildkompositionen, die zu einem großformatigen Bilderbuch zusammengestellt wurden und das Gemeinschaftliche des gesamten Projekts besonders zum Ausdruck brachten. Die Tonbandaufnahme, das Bewegungsspiel mit den Instrumenten und das Indianerbuch (siehe Abb. 22 und 23) wurden auf dem nächsten Elternabend vorgeführt.

6.2 Die Prinzessin, der Kasper und das Krokodil: Vom Rollenspiel zur Bildfolge

Die Geschichte vom Kasper, seinem Freund Seppl und einer unzufriedenen Prinzessin spielten die Kinder als Rollenspiel mit immer neuen Einfällen zur Personengestaltung und zur Ausstattung. Die Identifikation mit den dargestellten Figuren war so innig, dass sich die Kinder auch außerhalb des Spiels mit Kasper und Seppl oder Prinzessin anredeten.

> Die Prinzessin hat Geburtstag. Kasper und Seppl wollen sie besuchen und ihr etwas schenken. Aber die Prinzessin hat schon ein ganzes Zimmer voll mit Spielsachen und weiß nicht, was sie sich wünschen soll. Kasper und Seppl reisen nach Afrika und versprechen der Prinzessin, dass sie ihr ein schönes Geschenk mitbringen werden. Kasper und Seppl sind in Afrika angekommen. Es ist sehr heiß, sie laufen durch den Dschungel und treffen ein Krokodil. Es gähnt und langweilt sich und da haben Kasper und Seppl eine Idee. Sie fragen das Krokodil, ob es zur Prinzessin mitkommen möchte. Das Krokodil ist einverstanden, aber es passt nicht auf das Schiff, mit dem Kasper und Seppl zurückfahren wollen. Darum binden sie das Krokodil an eine Leine und es schwimmt neben dem Schiff her. Nach langer Reise kommen Kasper und Seppl wieder zum Schloss zurück. Sie sind sehr gespannt, was die Prinzessin zu dem Geschenk sagen wird.

Die Vorklassenleiterin erzählt die Geschichte, das Ende bleibt offen. Daher haben die Kinder bei jeder Wiederholung die Möglichkeit sich einen anderen Schluss auszudenken. Einmal freut sich die Prinzessin über das zahme Krokodil und sie werden gute Freunde, ein anderes Mal fürchtet sie sich vor dem wilden Tier und Kasper und Seppl müssen es wieder nach Afrika zurückbringen oder in den Zoo.

Das wiederholte Rollenspiel im Spielkreis macht den Kindern so viel Freude, dass sie beschließen eine Bildergeschichte zu malen. Es entstehen Illustrationen (DIN-A4-Querformat) mit Ölkreiden, Deckfarben und Materialcollagen. Die Prinzessin mit ihren vielen Spielsachen wird als Collage mit ausgeschnittenen Spielsachen aus Spielwarenkatalogen dargestellt. Die Prinzessin hat stets einen weißen Schleier aus Stoff und eine glänzende Krone.

Abb. 18: Die Prinzessin schaut aus dem Fenster
Kasper, Seppl und die Prinzessin sind beliebte und bekannte Figuren aus Bilderbüchern und Fernsehfilmen. In der Geschichte dieses selbst gestalteten Bilderbuches
wollen Kasper und Seppl der Prinzessin ein Krokodil zum Geburtstag schenken.
Die Prinzessin guckt aus dem Fenster ihres Schlosses, das prächtig aussieht, geklebt
aus Metallfolie und mit Federn und Glasperlen dekoriert. Sie trägt eine Krone und
einen zarten Stoffschleier. Diese Materialcollage auf kräftigem Karton gibt den Kindern die Möglichkeit große Flächen und Zeichnungen mit plastischen Details zu
kombinieren.

Abb. 19, 20, 21: Im Nebel
Wie kann man Nebel malen? Farben, Lichter und Formen hat der Nebel verschluckt.
Er ist wie ein großes Gespenst. Aber vorher und nachher sind Häuser und Bäume,
die Sonne und der Garten mit ihren Farben gut zu sehen. Darum malen die Kinder
ihre Bilder zunächst ohne Nebel mit Fingermalfarben oder mit Ölkreide. Das
Leuchtende und Glänzende wird noch unterstrichen, indem die Konturen mit Klar-
lack hervorgehoben werden. Die postkartengroßen Bilder beschriften Alex und
Michel: „Hier ist das Wetter noch klar." Dann verschleiert der Nebel die farbintensiven Bilder, indem diese mit Transparentpapier oder dünn ausgezogener Watte
überklebt werden. (Buchformat 21 cm · 30 cm.).

ROBERT

DER

INDIANER IST ROT

ANGEZOGEN

DIE INDIANER

KÜSSEN SICH

UND DA

SCHAUT

EIN KLEINER HASE ZU

KATHARINA

Nach Fertigstellung der Bildfolgen wünschten sich die Kinder Texte zu den einzelnen Bildern, die sie diktierten und die die Pädagogin aufschrieb:

Das ist die Prinzessin. Sie schaut gerade aus dem Fenster und sie hat bald Geburtstag.

Ihr Zimmer ist voll mit Spielsachen. Die Prinzessin hat schon alles.

Da kommt der Kasper zu Besuch zu der Prinzessin.

Er will wissen, was sie sich zum Geburtstag wünscht.

Die Prinzessin steht auf einem ganzen Berg von Spielsachen. Sie weiß nicht, was sie sich wünschen soll.

Der Kasper geht wieder weg, weil er mit dem Seppl nach Afrika reisen will. Der Kasper hat der Prinzessin echt versprochen, ihr etwas mitzubringen.

Also jetzt ist der Kasper und der Seppl schon in Afrika. Und dort ist es ganz schön heiß, weil da immer die Sonne scheint den ganzen Tag.

Jetzt laufen der Kasper und der Seppl durch den Dschungel. Da ist es ganz unheimlich, weil da so viele Pflanzen wachsen.

Als der Kasper und der Seppl müde sind, ruhen sie sich aus. Und da haben sie das Krokodil kennen gelernt. Das Krokodil erzählt ihnen, dass es immer so langweilig ist. Und da fragt der Kasper das Krokodil, ob es mitkommen möchte zu der Prinzessin. Das Krokodil sagt: „Ja, ich komme mit."

Aber auf einmal bekommt der Kasper Angst. Er denkt, vielleicht frisst das Krokodil alle Spielsachen auf oder die Prinzessin hat ganz dolle Angst vor dem Krokodil oder vielleicht werden sie Freunde.

Jetzt sind sie einfach losgefahren. Weil das Krokodil so groß ist und nicht in das Schiff passt, bindet der Kasper das Krokodil an eine Leine. Das geht ja auch.

Der Seppl sieht mit dem Fernglas von weitem schon das Schloss.

Der Kasper und der Seppl sind ganz schön gespannt, was die Prinzessin sagt, wenn sie das Krokodil sieht.

Was glaubt ihr, werden die Prinzessin und das Krokodil noch Freunde?

Abb. 22, 23: Die Indianer küssen sich und da schaut ein kleiner Hase zu
Indianer sind ein Lieblingsthema der Kinder. In ihrer Vorstellung werden Szenen lebendig, die sie in ihrer Bildsprache zum Ausdruck bringen. Zu einem Bewegungsspiel „Die Indianer, die Löwen sehen wollten" gestalten die Vorklassenkinder ein aufwendiges Buchprojekt. Sie zeichneten Indianerporträts, Szenen der Löwenjagd, den Abschied und die Heimkehr. Die einzelnen Bilder wurden auf selbst hergestellte Passepartouts (Marmorierverfahren) geklebt. Die farblich auf die Bilder abgestimmten Rahmen unterstreichen die Darstellungen sehr wirkungsvoll. Das großformatige, ästhetisch wirkungsvolle Buch drückt in den Texten und Bildern die Lebensfreude der Indianer, aber auch die Gestaltungsfreude der Kinder aus. Katharina: „Die Indianerfrau findet, dass es ein wunderschöner Tag ist. Die Indianer küssen sich.". Buchformat 35 cm · 43 cm, Bilder in verschiedener Größe.

Bilder und Texte wurden auf harten Karton aufgezogen und so gebunden, dass das fertige Buch aufgestellt werden kann und die einzelnen Bilder wie auf einer Kasperbühne erscheinen.

Abb. 24: Der Kasper bringt der Prinzessin das Krokodil
Zarte Vorhänge führen in das Zimmer der Prinzessin; Kasper und Seppl bringen das Krokodil als Geschenk. Es ist ein großes, aber zahmes Spieltier. Die Szenen sind als Collagen auf blauem Karton mit ausgeschnittenen Figuren und Stoff dargestellt im Format 30 cm · 40 cm.

6.3 Schneewittchen:
Ein Märchentext in Bild- und Wortsprache der Kinder

Märchen sind unrealistisch, aber nicht unwahr. Die tiefe Wahrheit und das Fantastische machen sie bei Kindern so beliebt. „Märchen sind einzigartig, nicht nur als Literaturgattung sondern als Kunstwerke, die das Kind gänzlich erfassen kann wie keine andere Kunstform ... Je nach den augenblicklichen Interessen und Bedürfnissen entnimmt das Kind dem gleichen Märchen unterschiedlichen Sinn. Wenn es die Möglichkeit dazu hat, kehrt es zu dem gleichen Märchen zurück, sobald es bereit ist, alte Bedeutungen zu erweitern oder durch neue zu ersetzen."[9]

Märchen halten Botschaften bereit, die Kinder auch unreflektiert verstehen. Im Märchen nehmen die Helden den Kampf gegen scheinbar überwältigende Hindernisse mutig auf. Sie sind oft ganz verlassen und auf sich gestellt. Wenn sie aber die Herausforderung annehmen, erhalten sie von magischen Kräften Hilfe (Wunderblumen, Steinen, Feen und Zwergen), die kommen und sie erretten. Ihr Leben erhält einen neuen Sinn und sie „leben glücklich und zufrieden bis an ihr Ende." Das Gute ist und bleibt gut und das Böse erhält seine Strafe.

Die Identifikation mit den Märchengestalten, ihren Ängsten und Nöten, drücken Kinder in ihren gefühlsbetonten Äußerungen aus, in den Ratschlägen, die sie geben und im glücklichen Aufatmen über den guten Ausgang.

Eine Sammlung von Märchenbüchern aus der öffentlichen Bibliothek wurde für das tägliche Vorlesen und zum Erzählen in einer Vorklasse genutzt. Die Kinder hatten bald ihre Lieblingsmärchen, einige waren als Film und als Tonbandkassetten bekannt. Trotzdem bestanden die Kinder darauf, dass ihnen die Märchen erzählt wurden.

Schneewittchen ist ein sehr frühes Märchen und fast allen Kindern bekannt. Die Geschichte verläuft linear; bis zu Schneewittchens scheinbarem Tod steigen die Spannung und die Furcht vor der bösen Königin. Die Kinder drücken ihre Trauer mit den Zwergen und ihre Wut und Furcht vor der bösen Königin sprachlich und mimisch aus.

Die Pädagogin wählte bewusst für den Vortrag dieses Märchens einen Text ohne Illustrationen. Sie wollte die Kinder zu eigenen bildhaften Darstellungen ermutigen. Nach dem Vortrag des Märchens schlossen die Kin-

---

[9] Bettelheim, B., Kinder brauchen Märchen. 1980, S. 17

der die Augen und ließen die Geschichte wie einen Film in ihrem Kopf ablaufen. Sie sollten den Film anhalten, wenn sie ein Bild sahen, das sie aufmalen wollten. Entsprechend der emotionalen Reaktionen beim Zuhören gestalteten die Kinder ihre Bilder in einer dramatischen Bildsprache: Bäume mit kräftigen Armen und gierigen Händen, heftiger Regen und große Wellen auf dem Fluss, dunkle Wolken am Himmel und riesige bedrohliche Steine, die den Berg herunterrollen. In kräftigen Strichen beschränkten sie sich auf die Darstellung des Wesentlichen.

Die Pädagogin ermutigte die Kinder zu ihren Bildern frei zu erzählen. Dabei wurde der Reichtum an Gedanken und Empfindungen im sprachlichen Ausdruck noch einmal deutlich, wie die folgende Auswahl zeigt.

Stephan:

> Da geht die Königin zum Spiegel und fragt: „Spieglein, Spieglein an der Wand, wer ist die Schönste im ganzen Land?" Der Spiegel antwortet: „Frau Königin, Ihr seid die Schönste im ganzen Land, aber Schneewittchen ist noch tausendmal schöner als Ihr." Da ärgert sich die Königin. Ich hole mir den Jäger. „Jäger, ich will das Mädchen hier nicht mehr sehen. Bring es in den tiefen Wald, dort sollst du es töten." Der Jäger ist erschrocken: „Frau Königin, das bring ich nicht übers Herz." „Was, du willst mir nicht gehorchen? Bringe Schneewittchen tief in den Wald und bring mir als Beweis das Herz von Schneewittchen, damit ich weiß, dass Schneewittchen tot ist."

Melanie:

> Der Jäger bringt Schneewittchen in den Wald. Er versucht sie zu töten. Da dreht Schneewittchen sich um und erschrickt. Da sagt der Jäger: „Ich kann das nicht machen, entschuldige bitte! Die Königin wollte, dass ich dich töte. Rette dich, lauf in den tiefen Wald und komm niemals mehr zurück!"

Elif:

> Schneewittchen läuft in den Wald und hat
> Angst. Die Bäume haben Gesichter und
> Arme bekommen. Sie läuft und läuft ganz
> schnell weiter. Sie fällt auf die Erde und weint.

Um die Sprechtexte der Kinder wortgetreu aufzuzeichnen lief während der Erzählungen ein Tonband. Nach ersten Versuchen wurde den Kindern klar, dass sie leise sein mussten, damit bei der Aufnahme keine Nebengeräusche entstanden und man beim Abspielen etwas verstehen konnte. Interessiert hörten sich die Kinder ihre Geschichten bei der Wiedergabe an und fanden ihre Beiträge überwiegend richtig und gut. Kritik am syntaktischen und grammatischen Ausdruck sind in diesem Alter höchst selten. Inhaltliche Korrekturen werden eher vorgenommen und die Kinder wünschen Richtigstellungen und Ergänzungen der Texte.

Beim Abschreiben der Tonbandaufnahmen durch die Pädagogin ergaben sich einige Schwierigkeiten. Die syntaktische Gliederung und die Interpunktion mussten aus dem Kontext erschlossen werden. Die Sätze wurden überwiegend - entsprechend dem Sprechstil der Altersstufe - kettenartig aneinander gefügt und mit „und dann" verbunden. Wörtliche Rede gebrauchten die Kinder oft, aber ohne Kennzeichnung der Sprecher.

Beate:

> Schneewittchen wachte frühmorgens auf.
> Und da waren viele Tiere aus dem Wald und
> die sitzen um Schneewittchen herum. „Wisst
> ihr, wo ich ein Bettchen zum Schlafen finde?"
> Die Tiere bringen Schneewittchen zu dem
> Zwergenhaus.

Andreas:

Schneewittchen klopft an die Tür, aber keiner ist da drinnen. Sie guckt auch durch das Fenster. Und dann öffnet sie die Tür und geht hinein. „Hier ist ja alles schmutzig. Hier wohnen bestimmt Kinder, die keine Mama haben. Ich hab eine Idee. Wir waschen ab und machen den Kindern eine Freude." Schneewittchen sagt zu den Tieren: „Ihr wascht ab und ich putze den Boden." Schneewittchen ist jetzt müde und guckt nach, ob Betten da sind. Und sie findet sieben Betten. Sie stellen sie nebeneinander. Und dann legt sie sich hin und schläft ein.

Suezana:

Die sieben Zwerge arbeiten. Es ist spät geworden und sie gehen nach Hause ins Zwergenhaus. Da sehen sie Licht. Sie schleichen sich hin und machen ganz leise die Tür auf. Und dann geht einer nachsehen, wo die sieben Betten sind. Der fällt vor Schreck die Treppe runter. Er dachte, da ist ein Gespenst. Dann schleichen alle sieben Zwerge nach oben, sie machen die Decke auf und sehen ein Mädchen. Das Mädchen war Schneewittchen.

Sandra:

Die Königin erschrickt: „Der Jäger hat mich belogen." Sie geht in den Keller und holt sich ein Zauberbuch. In dem Zauberbuch ist ein Rezept für einen giftigen Apfel. Den will sie Schneewittchen geben. Sie verwandelt sich in eine alte Frau, die sieht aus wie eine alte Hexe. Dann vergiftet sie den Apfel."

Melanie:

Die sieben Zwerge rennen zu Schneewittchen, sie sehen, wie Schneewittchen tot auf dem Boden liegt. Sie bauen einen Sarg aus Glas und legen sie da hinein. Die Zwerge sind traurig und weinen. Der Königssohn kam zu dem Zwergenhaus. Er hat von Schneewittchen im Sarg gehört. Weil sie so schön war, gab er ihr einen Kuss. Schneewittchen wachte auf, weil der Zauber vorbei war. Der Königssohn nahm sie mit auf das Schloss und dann heirateten sie.

Abb. 25, 26, 27:
Schneewittchen
Das Märchen von Schnee-
wittchen dargestellt in der
Bildsprache der Kinder
und ergänzt mit Texten
nach Tonbandprotokol-
len. Die Kinder wählen
ausdrucksstarke Episo-
den, die sie wirkungsvoll
mit schwarzen Filzstiften
zeichnen und nachträglich
colorieren.
Melanie (6, 2) zeichnet die
Königin mit wirren Haa-
ren und wehendem
Umgang in ihrer ganzen
Bösartigkeit vor dem
Spiegel.
Rene (5, 6) lässt die Köni-
gin in einem Schiff über
den Fluss rudern. Dro-
hende Wolken und heftige
Wellen können sie aber
nicht aufhalten.
Bei Ufuk (6, 3) ist die
Königin bereits auf einem
Berg bei den Zwergen
angekommen und wirft
riesige Steine auf die
Zwerge, um sie zu töten.
Schneewittchen liegt im
Sarg und Blitz und Don-
ner unterstreichen noch
das Drama.
Bilder und Texte sind auf
farbigem Tonpapier auf-
gezogen und in Spiralbin-
dung gebunden. (Format
21 cm · 30 cm).

Die Textbeispiele zeigen, wie eindringlich sich die Kinder mit diesem Märchen beschäftigen und wie sie versuchen ihre eigenen Erlebnisse und Gefühle in die Märchenhandlung einzubeziehen und zum Ausdruck zu bringen.

Mehrfach ließen sich die Kinder ihre Texte zu den Bildern vorlesen oder spielten sie vom Tonband ab. Die Übereinstimmung faszinierte sie und sie stellten Bilder und Texte zu einem Buch zusammen. Beim Betrachten der Bilder hörten sie sich die Texte von der Tonbandaufzeichnung an.

Nach einem Jahr, als diese Kinder in der ersten Klasse mit dem Lesenlernen fortgeschritten waren, kamen sie in die neue Vorklasse, zeigten den Vorklassenkindern ihr „Schneewittchenbuch" und lasen daraus vor.

Kinder „zum Lesen verlocken" empfiehlt Bamberger[10]. Dazu sollen Texte angeboten werden, die Kindern Spaß machen, spannend sind und die Fantasie anregen. Diese Forderungen erfüllen Märchen auch dann, wenn sie als eigene Texte gestaltet worden sind.

6.4 Sprechen, Lesen, Deuten, Erklären von Bildern: Erstes Geschichtenbuch in zwei Sprachen

In der Vorklasse einer Staatlichen Europa Schule Berlin[11] mit der Sprachkombination Deutsch-Französisch gestalteten die Kinder ein „Erstes Geschichtenbuch" in zwei Sprachen. Ohne eine bestimmte thematische Vorgabe erzählen und berichten sie im Gesprächskreis regelmäßig zu mitgebrachtem Spielzeug oder zu anderen Gegenständen. Die deutschen und die französischen Kinder benutzen dabei jeweils ihre Muttersprache. Die Fähigkeit die Sprache der anderen zu verstehen ist am Anfang der gemeinsamen bilingualen Erziehung noch nicht so weit ausgebildet, dass sich die beiden Partnergruppen richtig verständigen können. Im situativen Kontext und im konkreten Umgang mit den Spielsachen, die sie handhaben und vorzeigen, entwickeln die Kinder allmählich ein intuitives Verständnis und hören sich in die Zweitsprache hinein.

Die bilingual ausgebildeten Pädagoginnen schreiben anschließend – in getrennten Sprachgruppen – die Texte der Kinder auf und die „Autoren" können ihre Texte ergänzen oder berichtigen, wenn andere Kinder noch

---

[10] Bamberger, R., Zum Lesen verlocken. 1967
[11] Die SESB ist ein Schulversuch mit Kindern verschiedener Muttersprachen mit durchgehend bilingualem Unterricht und bilingualer Betreuung in der Vorklasse. Bilinguale Pädagoginnen und Lehrerinnen betreuen die Kinder nach dem Prinzip „One language – one person."
Senatsverwaltung für Schule, Berufsbildung und Sport (Hrsg), SESB. 1993.

Fragen stellen. So entstehen zunächst deutsche und französische Texte, zu denen die Kinder Bilder zeichnen. Am nächsten Tag werden die Bilder im Stuhlkreis ausgelegt. Jedes Kind sucht sich ein Bild – möglichst nicht sein eigenes – und erzählt dazu eine Geschichte. Die Kinder sprechen auch dabei in ihrer Muttersprache, aber die Pädagoginnen helfen bei der Bildinterpretation mit entsprechenden Hinweisen zum Verständnis in der anderen Sprache. Die Bildinterpretationen werden von den Kindern sehr gespannt verfolgt; jedes möchte wissen, was die anderen wohl zu seinem Bild sagen. Manchmal wählen Kinder auch mehrere Bilder und verbinden sie zu einer Geschichte.

Texte und Bilder werden auf farbige Blätter geklebt und gesammelt, bis genügend vorhanden sind, um sie zu einem Geschichtenbuch zu binden.

Damit alle Kinder die Geschichte beim Vorlesen verstehen, werden die Texte auch in die Partnersprache übertragen. Aus dem ersten „Geschichtenbuch" wird in den Vorlesestunden regelmäßig vorgelesen. Das Wiederholen bereits bekannter Texte in beiden Sprachen fördert das Verstehen einzelner Wendungen und Wörter, die auch spontan nachgesprochen werden. Sprechen, Lesen, Deuten und Erklären von Bildern verbinden sich zu einem ganzheitlichen Sprachlernprozess. Motivierend wirkt der persönliche Bezug der Texte. Die Kinder fühlen sich bei ihren Textproduktionen ernst genommen und bestätigt. Im Verlaufe weniger Wochen werden die Geschichten immer länger und ausführlicher und damit das Vorlesen auch immer interessanter.

"Il faut manger un bonhomme. La nuit dehors. Le bonhomme est mort. Dracula a fait un trou avec les dents. Boire le sang. Dracula s'en va sous la terre."

Abb. 28: Dracula
Illustration zu einem spontanen Text, den Felix im Stuhlkreis in einer Gruppe deutscher und französischer Kinder erzählt. Adrien überträgt die Geschichte von Dracula ins Französische. (Format der Zeichnung 30 cm · 18 cm).

Felix:

> ### Der schwarze Vampir
>
> Dracula isst den toten Menschen. Es ist Nacht. Und er saugt aus dem Hals das Blut. Dracula kam einfach so aus der Erde. Und er wohnt in der Erde. Und er flog danach über die Stadt. Es war eine leuchtende Stadt. Und er sieht einen nächsten Vampir und sie fliegen zusammen über die Stadt. Und dann begegnen sie einem Menschen, den saugen sie zusammen aus. Danach sind sie satt.

59

Adrien:

ll faut manger un bon homme. La nuit dehors.
Le bon homme est mort. Dracula a fait un trou
avec les dents. Boire le sang. Dracula s'en va
sous la terre.

Helene:

Mein Kassettenrekorder

Ich habe vier Koffer. Drei von meinen Koffern sind Schminkkoffer. Andere Koffer habe
ich zum Sachen-Reinpacken. In einem gestreiften Koffer hab ich meinen Kassettenrekorder, und mit dem hör ich gleich Kassette.
Ich höre Hui Buh oder Bibi Blocksberg. Mein
Kassettenrekorder sieht rosa aus und hat
einen grauen Griff.

Sarah-Marine:

La poupée raconte

Moi j'étais dans un restaurant avec un ami et
après je suis allée avec le bus. Et après j'étais
à la maison. Et après j'ai cuisiné et après j'ai
dormi. Et l'autre jour j'allais au mariage.
l'avais fait une robe pour moi pour le mariage
et un chapeau. Je l'ai mis sur ma tête. J'ai mis
des belles chaussures.

7. Erste Schreibversuche

Lernen in der Schule muss Freude machen. Wenn der Umgang mit Sprache Freude machen soll, muss man an den Interessen und Bedürfnissen der Kinder anknüpfen. Zunächst ist es wichtig, dass Kinder überhaupt anfangen zu schreiben, ohne über Stil und Rechtschreibung nachzudenken. Traditionell hat der Muttersprachunterricht Kindern häufig zunächst nicht beigebracht, dass sie schreiben können: Ihre Schrift war nicht genügend geübt, ihre Grammatik vom Dialekt und der Umgangssprache geprägt und die Rechtschreibung fehlerhaft. Darum durften Niederschriften erst geschrieben werden, nachdem die elementaren schriftsprachlichen Fähigkeiten hinreichend geübt worden waren.

„Die Belehrung über schriftlichen Ausdruck <u>vor</u> innerem Antrieb zum Schreiben geben, ertötet auch den Sprechwillen, lähmt jegliche Sprechlust, indem es sie zur Schul- und Lernsache herabwürdigt.", stellte Rauh bereits 1923 fest.[12] Darum werden in der Phase spontaner Verschriftungen sowohl inhaltliche wie formale Berichtigungen nur mit äußerster Vorsicht vorgenommen. Schreiben lernen beim Schreiben und durch Schreiben ist der pädagogische Grundsatz, der hierbei zur Anwendung kommt.[13]

> „MAMA SAKT GE ONT MAK ABEN ESEN"

Spontanschreibungen dieser Art erregen nur deswegen die Heiterkeit von Erwachsenen, weil sie vergessen haben, mit wie viel Mühe sie selbst Lesen, Schreiben und Rechtschreibung gelernt haben. Es bleibt also festzuhalten, zunächst dürfen Kinder so schreiben. Hauptsache, sie wollen etwas äußern.

---

[12] Rauh, S., Der Deutsche Schulaufsatz und seine Umgestaltung. 1923, zit. nach: Sennlaub, G., Spaß beim Schreiben oder Aufsatzerziehung. 1980
[13] Bergk, M., Pfeistlinger, L., Vorschläge für kommunikatives Schreiben von Anfang an, in: Naegele, I., Valtin, R. (Hrsg.) Schreiben ist wichtig, Grundlagen und Beispiele für kommunikatives Schreiben(lernen). Frankfurt a. M. 1986.

SCHREIBE,

SCHREIBE, WAS DU DENKST,

SCHREIBE, WAS DU FÜHLST,

SCHREIBE, WAS DU MIR SAGEN WILLST!

Diese Schreibregel steht als Aufforderung in einer ersten Klasse. Sie fordert nicht auf: „Schreibe, wie du sprichst!", obgleich die Kinder bereits erkannt haben, dass sie lautgetreu schreiben können und ihre Verschriftungen dadurch lesbar sind. „ICH HAP DICH LIP" ist zwar orthographisch inkorrekt, aber als Aussage echt und wahr. Außerdem ist es auf der phonologischen Stufe des Schriftspracherwerbs eine gute Schreibleistung.[14]

7.1 Rutschgeschichten: Spontane Texte zum Vorlesen

In der ersten Klasse am Beginn des Leselehrgangs beobachtete die Lehrerin einer Eingangsstufe, dass Kinder mit den vorhandenen Buchstabenkenntnissen anfingen Nachrichten und Briefe zu schreiben. Sie spielten „Wörter verschenken", d. h. sie schrieben ihre Namen oder Wörter von der Lesewand ab und schenkten sie sich gegenseitig. Diese Wörter wurden eifrig gesammelt und vorgelesen. Um eine möglichst umfangreiche Wortsammlung zu erhalten, ergänzten die Kinder ihre Wortsammlung durch eigene Wörter. Täglich gab es das „Wort des Tages", das gemeinsam erlesen wurde.

Wann fangen Kinder an eigene Texte zu schreiben? Sobald sie schreiben können, sofern ihnen Gelegenheit dazu gegeben wird. Wozu sollen Kinder auch das Schreiben lernen, wenn sie es nicht anwenden dürfen?

Spontan und unbekümmert fingen auch die Kinder dieser Klasse an ihre Erlebnisse aufzuschreiben. „Rutschgeschichten" heißt die erste Sammlung von Texten, die selbst verfasst, aufgeschrieben, illustriert und zu

---

[14] Spitta, G., Von der Druckschrift zur Schreibschrift – oder: Schreiben lernt man von Anfang an am besten durch Schreiben. 1987

einem Leseheft gebunden wurde. Jedes Kind schrieb über sein Erlebnis im ersten Schnee.

Teresa:

> ICH BIN GESTAN SCHLITE GE FAN UND MEINE FREUNEN HAD MIR IREN SCHLITEN GEBORKT.

Solveig:

> ICH * HABE * AIN * SCHLITÄN * UND * ICH * HABE * AEIN * PFÄT * UND * ICH * SPANE * DAS * PFÄT * VOR * DEN * SCHLITÄN.

Henrike:

> MEINE RUTSCH * GESCHICHTE
>
> ICH BIN GESTAN MIT MEINER MAMA NACH DRAUSEN GEGANEN UND WIR HABEN GASFIL SCHNEE GESUCHT UND GEFUNDEN * ICH HEIS HENRIKE FIL GLÜCK

Abb. 29, 30: Rutschgeschichten (Teresa und Solveig)
Kinder fangen an ihre Erlebnisse spontan aufzuschreiben, sobald ihre Buchsta-
benkenntnis für eine phonetisch orientierte Schreibung ausreicht. Der erste Schnee
wurde zum Anlass in einer ersten Klasse Rutschgeschichten zu verfassen, erlebte
und ausgedachte. Illustrationen ergänzen die Texte nur dann, wenn die Gedanken
des Kindes noch nicht vollständig verschriftet werden können. Solveig schreibt: „Ich
hab einen Schlitän" und zeichnet einen Schlitten, der wie ein Wohnmobil aussieht.
(Format DIN A 5).

Das Vorlesen ihrer Texte ist genauso wichtig wie das Lesen und Verstehen der Texte anderer Kinder. Die ersten spontanen Schreib- und Leseversuche sind überwiegend kommunikativ.

Die phonologische Verschriftung der ersten Texte erfordert von der Pädagogin eine Entscheidung darüber, ob die Verschriftungen der Kinder korrigiert werden sollen oder nicht. Zunächst müssen wir jedoch die Leistung eines Kindes anerkennen, das versucht, die Lautung eines Wortes mit den Buchstaben, die es kennt, wiederzugeben: Es kann das gesprochene Wort lautlich und artikulatorisch gliedern und es kann Buchstaben

Abb. 31: „Das Buch haben wir gemacht", Autoren stellen sich vor
Die Maler und Autoren des Buches „In unserer Vorschulklasse" haben sich für das
Impressum gezeichnet und ihre Bilder zu einer Collage zusammengestellt, ergänzt
durch den Text „Wir haben uns selber gemalt." (Buchformat 35 · 47 cm (Leporello)).

64

der Lautfolge zuordnen. Es beachtet bereits einfache orthographische Regeln: Gleiche Wörter werden gleich geschrieben (z. B.: in Teresas Text „SCHLITÄN", in Solveigs „PFÄT"). Einige Häufigkeitswörter (Artikel und Pronomen) sind rechtschriftlich bekannt und die Kinder versuchen im Text die Trennung in Wörter einzuhalten und mit besonderen Zeichen zu markieren. „Fehler" sind in diesen Texten zunächst Hinweise auf den Entwicklungsstand der Schriftsprache eines Kindes und Korrekturen mit dem Rotstift wenig hilfreich.

Komplizierte Regeln der deutschen Rechtschreibung – wie Doppelkonsonanten nach kurzem Vokal, die bezeichnete Dehnung oder morphematische Schreibungen (sagt von sagen) – sind den Kindern noch unbekannt. Trotzdem können sie ihre Texte lesen und die Verschriftungen anderer verstehen. Ein Hineinkorrigieren in ihre Geschichten würde die Schreibfreude mindern oder sogar ihr Vorurteil bestätigen: „Das kann ich nicht."

Sind die Texte für andere fast unlesbar geschrieben z. B.:

> ICH * IN * SCHIDE * FAN * MIT * MEIN * MOTA

kann die Lehrerin helfen; sie schreibt den Text korrekt und gut lesbar darunter. So kann das Kind die Schreibung vergleichen und wird auf die richtige Schreibweise aufmerksam. Allmählich entwickeln Kinder eine Art Rechtschreibsprache, orientiert an der Artikulation geschriebener Wörter. Hinzu kommt ein intuitives Wissen darüber, welche Wörter sie schon können, d. h. immer richtig schreiben, und bei welchen sie nachgucken oder nachfragen müssen.

Abb. 32: Elefanten im Zoo
Aus dem gleichen Buch stammt die Doppelseite: Wir malen die Elefanten im Zoo, weil sie uns so gut gefallen haben. Die großen getuschten Tierbilder sind ausgeschnitten und zu einer Collage auf einer Doppelseite des Leporellos zusammengestellt. Die Collage ermöglicht es die Bildgestaltung auszuprobieren und umzugestalten. (Buchformat 35 cm · 47 cm).

Abb. 33: Das Fenster reißt aus (Florian und Nora)
Die Geschichte von einem Fenster, das nicht mehr in seinem Haus sein mag und auf
die Wanderschaft geht, um andere Fenster zu treffen und mit ihnen zu sprechen.

Abb. 34: Nora: „Das Fenster läuft zum Kellerfenster, das Fenster läuft zum Au-
tofenster, das Fenster fragt: „Wie fühlt man sich denn als Autofenster?", und das Auto-
fenster sagt: „Ach ganz toll, jeden Tag sehe ich Autos." Die Zeichnungen mit Ölkrei-
den werden wirkungsvoll unterstrichen durch die farbige Grundierung der Zeichen-
blätter, von den Kindern in Schwämmchentechnik ausgeführt. (Buchformat 42 · 60 cm).

7.2 Nein-Geschichten und andere Geschichten

Phonologische Schreibungen der Kinder verweisen u. a. auf artikulatorische Besonderheiten der Umgangssprache (in Berlin z. B.: ne für eine, det für das, jesacht für gesagt) oder auch auf inkorrekte Lautbildung des Kindes. In dem folgenden Text schreibt Florian s-Laute mit einem /z/, denn er hat zur Zeit eine Zahnlücke und lispelt.

Florian:

> DAZ FÄNSTA KÖMT AN EIN HOU-
> HAUZ UNT DAZ FÄNSTA SAKT OUP
> ÄZ SECH AUCH ÄZ SECH GLÜKLECH
> FÜLT.
>
> Das Fenster kommt an ein Hochhaus und das
> Fenster sagt: „Ob es sich auch, es sich glück-
> lich fühlt."

Nora:

> DAS FENSA LÖFT SUM KELAFENSA.
> DAS FENSA LEUFT SUM AUTOFENSA.
>
> Das Fenster läuft zum Kellerfenster.
> Das Fenster läuft zum Autofenster.

„FENSA" und „KELA" enden mit dem im Berlinischen gebräuchlichen Auslaut /a/ und kann daher bei vielen Schreibanfängern beobachtet werden.

> Felix: ES WAR EINMAL EIN ARMER
> HOLZHACKA.
>
> Julia: AIN ADLA FLIKT ÜBA DIE
> HÄUSA.

Diese Phase überwinden Kinder mit zunehmender Fähigkeit Wörter orientiert an Schriftwörtern zu gliedern und zu artikulieren. Sie lernen dabei das umgekehrte Prinzip von „Schreibe, wie du sprichst" kennen: „Sprich, wie es geschrieben steht!" Erstaunt stellen Dialekt sprechende Kinder in Berlin fest: FABEN mit /r/, ach dann heißt es ja /Farben/.

Bereits nach einem Jahr spontanen Schreibens lesen die Kinder ihre ersten Texte mit größtem Vergnügen an ihren naiven Verschriftungen vor: „Guck mal, wie ich früher Fenster und Keller geschrieben habe!" Fehlschreibungen in den ersten Verschriftungen prägen sich wahrscheinlich genauso wenig ein, wie das Angebot richtig geschriebener Wörter nicht automatisch zur korrekten Rechtschreibung führt.

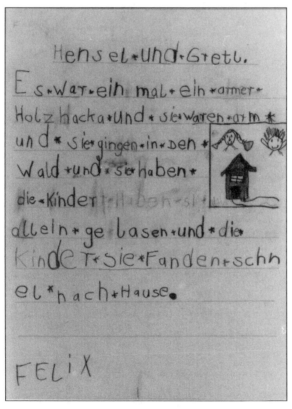

Abb. 35:
„Hensel " und *„Gretl"*
Nach drei Monaten in der ersten Klasse schreibt Felix diesen Text in der Freiarbeit. Er benutzt eine Anlauttabelle bei der Verschriftung und kennzeichnet die Wortgliederung mit einem „".*
Er schreibt bereits mit Groß- und Kleinbuchstaben der Druckschrift. Die kleine Zeichnung ist dem Text nur nebengeordnet. Seine Geschichte ist Teil eines Sammelbandes mit selbst verfassten Vorlesegeschichten.
(Format DIN A 5).

Emotional bewegende Themen, sich ängstigen, sich freuen, etwas nicht mögen, aber auch kindliche Alltagsprobleme, sind besonders geeignet zum spontanen Sprechen und zu spontanen Verschriftungen.[15] Kinder

---

[15] Wünnenberg, H. H., – Boff – Kinder schreiben sich frei. Heinsberg 1989

müssen oft etwas tun oder lassen, was sie nicht mögen, etwas essen oder trinken, was nicht schmeckt, früh schlafen gehen oder aufräumen, wenn sie gerade eine beliebte Fernsehsendung sehen möchten.

Das Nein-Gedicht von U. Andresen[16] regte intensive Gespräche über die vielen „Nein" im Leben der Kinder an. Alle kannten Nein-Situationen und äußerten sich bewegt zu den widersprüchlichen Gefühlen, die sie empfinden, wenn sie gezwungen werden etwas gegen ihren Willen zu tun.

> Nein, ich mag nicht.
>
> Nein, ich will nicht.
>
> Nein, ich tu nicht,
> was du sagst!
>
> Nein, ich komm nicht.
>
> Nein, ich hör nicht.
>
> Nein, ich sag nichts,
> was du fragst!
>
> Nein, ich geh nicht.
>
> Nein, ich kann nicht.
>
> Nein, du kriegst nichts,
> das ist meiner.
>
> Nein, du sollst nicht.
>
> Nein, du darfst nicht!
>
> Nein, nein, nein!
>
> Mich liebt ja keiner.
>
> *Ute Andresen*

Im Rollenspiel gestalteten sie Konfliktsituationen nach und brachten dabei Aggressionen und Frustrationen zum Ausdruck. Ein Spiel wurde beliebt, das Nein-sage-ich-Spiel. Im Spielkreis forderte ein Kind ein anderes auf etwas zu tun. Das angesprochene Kind musste mit „nein" antworten, aber eine Begründung hinzufügen:

---

[16]   Andresen, U., Popp, M., ABC und alles auf der Welt. © Ravensburger Buchverlag. 1984, S. 89

Anja zu Jan: „Gib mir deine Mütze!"

Jan: „Nein, meine Mütze ist viel zu groß für deinen Kopf."

Anja zu Sofia: „Steig auf den Stuhl!"

„Nein, nein, nein, ich bin zu faul."

Anja zu Alex: „Magst du ein Bonbon?"

Alex: „Nein, davon bekommt man schlechte Zähne."

Frage und Antwort wiederholen sich, bis das fragende Kind entscheidet, welche Nein-Antwort gut ist und akzeptiert wird. Dann wirft es ein Tuch auf den Boden und ruft: „Nein, nein, nein, das kann sein!" Alle Kinder tauschen die Plätze, und weil ein Platz im Kreis fehlt, bleibt ein Kind übrig und beginnt neue Fragen zu stellen.

Gedicht und Nein-Spiel regten zu spontanen Verschriftungen an, jedes Kind schrieb oder zeichnete seine Nein-Geschichte in ein Nein-Buch.

ICH * MAK * KEIN * MILCH * REIS.

ZIDICHAN * SAKT * MOTA

NEIN * ICH * MAK * KEIN * HUNDE

RÖM * DEIN * ZIMA * AUF

ICH * WÜL * NICH * DAZ * DI * SONE * AUFERDE * KOMT

Die Texte wurden auf vorbereitete DIN-A4-Blätter geschrieben, die, zweimal gefaltet, jeweils vier Seiten, in beliebiger Anzahl zusammengeheftet, ein Büchlein im DIN-A6-Format ergaben. Die Herstellung des Nein-Buches dauerte nur eine Unterrichtsstunde.

Textsammlungen dieser Art sind nicht dazu bestimmt, veröffentlicht zu werden. Als Ausdruck spontanen Erlebens und Sprechens blciben sie unkorrigiert und werden vielleicht zu einem späteren Zeitpunkt wieder hervorgeholt, wenn ein ähnliches Thema besprochen oder darüber geschrieben werden soll.

Abb. 36, 37: Nein-Buch – Ein spontan gefertigtes Buch zum Thema „Nein, das mag ich nicht." Die Kinder schreiben ihre Gesprächsbeiträge auf unlinierte, vorbereitete DIN-A 4-Blätter, die gefaltet ein kleines Büchlein in DIN A6 ergeben.

71

7.3 Karlsson vom Dach:
Bücher nach literarischen Vorbildern

Freies Schreiben zu selbst gewählten Themen kann für Kinder zur Fortsetzung ihrer ersten spontanen Verschriftungen werden, die anfangs nur aus einem Wort bestanden oder nicht länger als eine Zeile waren. Mit fortschreitender Schreibfähigkeit wählen Kinder auch beliebte Vorlesegeschichten für ihre Texte und diese nehmen an Umfang zu. Manche Kinder begnügen sich nicht mit einer Nacherzählung, sondern denken sich neue Episoden oder eigene Variationen der Geschichten aus. Auf diese Weise mündet die rezeptive, texterschließende Bucherfahrung in eigene Text- und Buchproduktionen. „Schreibende Interaktion mit und über Literatur" nennt M. Bergk diese Formen des Schreibens.

Zu den Lieblingsbüchern „Karlsson vom Dach"[17], „Urmel aus dem Eis"[18] und „Sofie macht Geschichten"[19] schrieben Kinder am Ende der ersten Klasse bereits viele Seiten umfassende Texte. Mit zunehmender graphomotorischer Schreibfähigkeit bereitete ihnen das Schreiben langer Texte kaum Schwierigkeiten. Sie nahmen auch Hinweise zur Rechtschreibung an, überließen es aber der Lehrerin, die Korrekturen vorzunehmen. Illustrationen verloren an Bedeutung, aber das Vorlesen im Gesprächskreis wurde zur Gewohnheit und sehr ernst genommen.

Aus den fast textfreien Bilderbüchern der Vorklasse mit ihren großformatigen und farbintensiven Bildern entstanden nun Geschichtenbücher von Urmel, Karlsson, Sofie, dem Nussknacker und vielen anderen Gestalten der Kinderliteratur. „Im Schutz der Auseinandersetzung mit literarischen Figuren und fiktiven Geschehnissen kommen die Kinder oft besser an das heran, was sie betroffen macht – eben weil sie es nicht direkt zur Sprache bringen müssen – und können sich darum authentischer ausdrücken. ... Die Schreibinteraktion kann schon in den ersten Schulmonaten beginnen."[20] Ein eindrucksvolles Beispiel für die produktive Umsetzung eines Kinderbuches zeigt die Geschichte von Henrike (6,11): „Karlsson vom Dach".

17 Lindgren, A., Karlsson vom Dach. Hamburg 1975
18 Kruse, M., Urmel aus dem Eis. Reutlingen 1969
19 Härtling, P., Sofie macht Geschichten. Weinheim/Basel 1980.
20 Bergk, M., Schreibinteraktionen: Verändertes Sprachlernen in der Grundschule, in:Balhorn H., Brügelmann H., Füssenich I. (Hrsg.), Am Rande der Schrift. Lengwil am Bodensee 1995, S. 331.

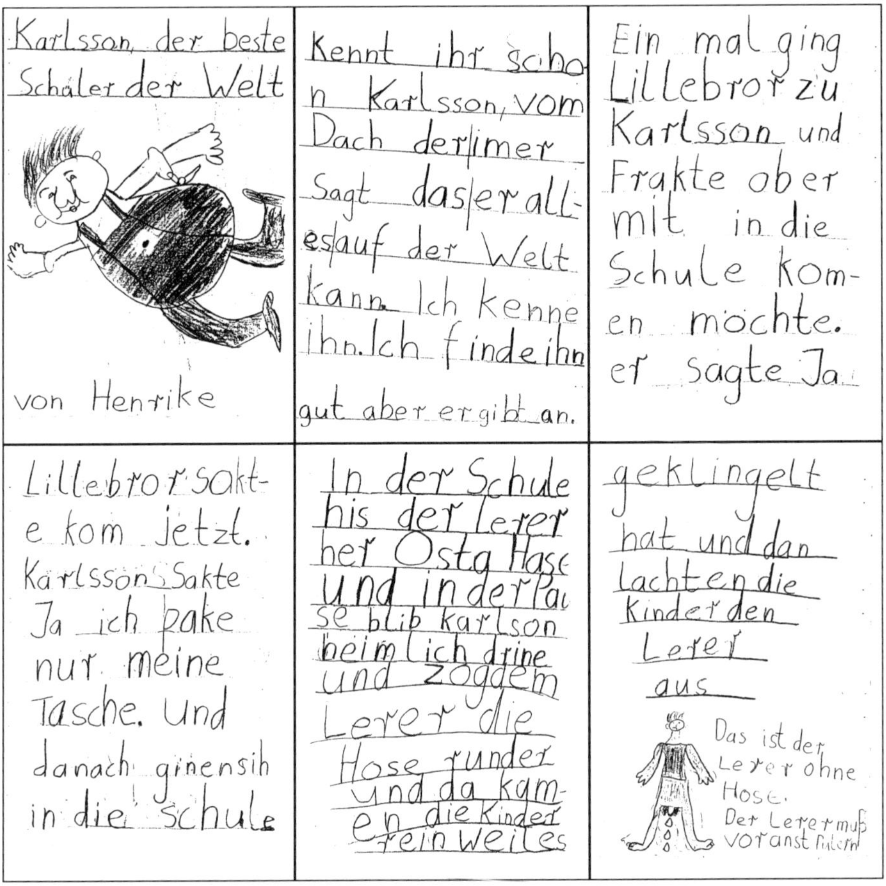

Karlsson, der beste Schüler der Welt von Henrike	Kennt ihr schon Karlsson vom Dach der imer sagt das er alles auf der Welt kann. Ich kenne ihn. Ich finde ihn gut aber er gibt an.	Ein mal ging Lillebror zu Karlsson und frakte ob er mit in die Schule komen möchte. er sagte Ja.
Lillebror sakte kom jetzt. Karlsson sakte Ja ich bake nur meine Tasche. Und danach ginen sih in die schule	In der Schule his der Lerer her Osta Hase und in der Pause blib Karlson heimlich drine und zoggdem Lerer die Hose runder und da kamen die Kinder rein weil es	geklingelt hat und dan lachten die Kinder den Lerer aus Das ist der Lerer ohne Hose. Der Lerer muß voranstalten

Abb. 38: Karlsson vom Dach
Nach Beginn des Schreib-Lese-Lernprozesses ist die Fähigkeit zur Verschriftung individuell weit gestreut. Die einen schreiben nur einzelne Wörter, andere beginnen mit umfangreichen Nachgestaltungen literarischer Vorbilder. Die produktive Umsetzung eines Kinderbuches zeigt das Beispiel von Henrike (6, 11) zu „Karlsson vom Dach".

8. „LÄZTES" KAPITEL

Wenn Bücher lesen und Bücher gestalten für Kinder zu einer Selbstverständlichkeit werden, wenn sie in der Vorklasse beginnen Bilderbücher zu malen und zu basteln und ihre Texte der Pädagogin zu diktieren, wenn ihre Werke bereits zum Bestand der Klassenbibliothek gehören und wie andere Bücher betrachtet, vorgelesen und auch schon selbst erlesen werden, erhält das Lesen- und das Schreibenlernen bereits im gegenwärtigen Leben der Kinder einen Sinn. Kinder erfahren handelnd die Bedeutung der Schrift und den Wert der Bücher. Sie übertragen ihre emotionale Bindung an die selbst gestalteten Werke auf das Buch und auf die Literatur allgemein.

Bücher, Buchbesitz und Buchgebrauch prägen die Einstellung der Kinder zur Schriftsprache. Obgleich Büchermachen im Vorschulalter nicht mit der Absicht geschieht, das Lesen- und Schreibenlernen vorzuverlegen, werden allerdings Voraussetzungen geschaffen, die den Schriftspracherwerb erleichtern und sichern. Sprachliche und ästhetisch-gestalterische Kreativität kommen in den eigenen Produktionen zur Anwendung. Erlebtes, Gewusstes, Gewünschtes – kurz die Gedanken der Kinder – werden in Sprache gefasst und in Bildsprache ausgedrückt.

Die Gemeinsamkeit beim Herstellen der Bücher bewirkt und fördert soziales Verhalten. „Wir machen etwas zusammen.", ist eine wertvolle Erfahrung für Kinder in dieser Zeit. Unikate – Bücher, die nicht reproduziert werden oder sich nicht reproduzieren lassen – unterstützen besonders nachdrücklich das „Wir-Erlebnis". Mit unerwarteter Ausdauer arbeiten Kinder bei den Buchprojekten mit und entfalten Fantasie und kreative Ideen gemeinsam mit anderen in der Gruppe.

Wer beobachten kann, wie wertvoll selbst gestaltete Bücher schon für Vorschulkinder sind, mit welcher Freude „Autoren" ihre selbst verfassten Texte präsentieren, wie sie Lesungen für Eltern und Mitschüler gestalten, wird überzeugt sein, dass diese Kinder den langen Weg hin zur Literalität schon ein ganzes Stück weit zurückgelegt haben und ihn wahrscheinlich auch in Zukunft nicht mehr verlassen werden. Die integrative Verklammerung von Produktion und Interaktion mit der Rezeption von Kinderbüchern bringt die Kinder an die Literatur heran, sie werden zu Lesern.

9. Abbildungen:

10. Literatur

M. Dräger (Hrsg.), Am Anfang steht der eigene Text. Heinsberg 1988

Andresen, U., Popp, M., ABC und alles auf der Welt. Ravensburg 4. Auflage 1987

Bamberger, R., Zum Lesen verlocken. Wien 1967

Bergk, M., Pfeistlinger, L., Vorschläge für kommunikatives Schreiben von Anfang an, in: R. Valtin, I. Naegele (Hrsg.), „Schreiben ist wichtig!", Grundlagen und Beispiele für kommunikatives Schreiben(lernen) in: Beiträge zur Reform der Grundschule, Bd. 67/68, 1986

Bergk, M., Schreibinteraktionen: Verändertes Sprachlernen in der Grundschule, in: H. Brügelmann, H. Balhorn, I. Füssenich (Hrsg.), Am Rande der Schrift. Lengwil am Bodensee 1995

Bettelheim, B., Kinder brauchen Bücher, Lesen lernen durch Faszination. Stuttgart 2. Auflage 1982

Bettelheim, B., Kinder brauchen Märchen. Stuttgart 1980

Härtling, P., Sofie macht Geschichten. Weinheim/Basel 1980

Hurrelmann, B., u. a., Leseklima in der Familie. Lesesozialisation, Bd. I., Gütersloh 1993

Janosch, ABC für kleine Bären. Weinheim/Basel 2. Auflage 1984

Kruse, M., Urmel aus dem Eis. Reutlingen 1969

Lindgren, A., Karlsson vom Dach. Hamburg 1975

Moser, E., Das Katzen ABC. Weinheim/Basel 1985

Rauh, S., Der Deutsche Schulaufsatz und seine Umgestaltung. 1923, zit. nach: Sennlaub, G., Spaß beim Schreiben oder Aufsatzerziehung, Stuttgart, Berlin, Köln, Mainz, 1980

Schwander, M.W., Schriftspracherwerb aus schulpädagogischer Sicht. Heinsberg 1989

Staatliche Europa-Schule Berlin, Senatsverwaltung für Schule, Berufsbildung und Sport (Hrsg.), Berlin 1993

Spitta, G., Von der Druckschrift zur Schreibschrift – oder: Schreiben lernt man von Anfang an am besten durch Schreiben. Frankfurt a. M. 1987

Velthuijs, M., A ist der Affe, das bunte Bilder ABC, 1964 (niederl./dtsch.). Ravensburg 1966

Witt, H., Was Grischa vor Schuleintritt schon schreiben konnte, in: R. Valtlin, I. Naegele (Hrsg.), „Schreiben ist wichtig!", Grundlagen und Beispiele für kommunikatives Schreiben(lernen), in: Beiträge zur Reform der Grundschule Bd. 67/68. 1986

Wünnenberg, H.H., - Boff - Kinder schreiben sich frei. Heinsberg 1989